KAMINOGE 97

Cover PHOTO : KENTA SOTOBAYASHI

HOT SHIT
LIKE SHIT
DEEP SHIT
BAD SHIT

EAT
SHIT

TALK
SHIT

BULL
SHIT

OH
SHIT

迷わずゆけば、その道の門番!!

人生に花が咲こうと咲くまいと、生きていることが花なんだ。
とりあえずやってみた、ただ闇雲にやってみた。
その一足がやがて道となった人を紹介するコーナー。

取材・構成：ビーバップみのる

第24回『昆虫料理研究家』

「食べるためにトノサマバッタを捕まえたときに私の中の狩猟本能が充足する感覚があったんです」

〝昆虫料理研究家の門番〟こと内山昭一さん（69歳）
1950年生まれ、長野県出身。
[昆虫料理研究会] https://insectcuisine.jp/

「50歳から昆虫料理研究家になりました」

—先生は〝昆虫料理研究家〟ということを20年ほど続けていらっしゃるんですよね？　その昆虫料理研究家について、そして先生がどういうつもりなのかを聞きに来ました。

内山　はい。よろしくお願いします。

—先生はどうして昆虫を食べるようになったのでしょうか。

内山　私、長野の生まれでして、長野はスーパーにイナゴや蚕のサナギを砂糖と醤油で甘辛く煮た佃煮が惣菜コーナーに並んでいるくらい昆虫食が盛んな地域なんです。私の実家の食卓にも並んでましたから、子どものときにイナゴや蚕のサナギを食べたんです。

—はい。

内山　で、イナゴは問題なかったのですが蚕のサナギの味が強烈だったんです。あとからわかるんですけど、蚕のサナギの脂肪は酸化しやすいんです。酸化した脂肪は臭みが出ますからとても不味かったんです。そのときの印象が強烈で、それ以降は昆虫を食べなくなったんです。

——先生はいつから昆虫料理研究家になったんでしょうか。

内山　50歳からです。

——50歳で何があったんですか。

内山　トノサマバッタを食べました。

——トノサマバッタ。

内山　はい。ちょっと長い話になりますがいいですか。

——お願いします。

内山　私、子どものときに食べた蚕のサナギがきっかけで、それ以降昆虫を食べませんでしたけど、昆虫を嫌いになったわけではないんです。友人と河原や草むらで昆虫採集をしたり、家に持ち帰って標本を作ることは楽しかった経験としてあるんです。

——はい。

内山　でも昆虫を捕ることに夢中になるのって、ほとんどの人が子ども時代までじゃないですか。

——そうですね。

内山　私もそうなのですが、私が大人になったら私の子どもが昆虫採集にハマりましてね。休みの日に一緒に昆虫採集したり、標本作りを手伝っていたら私自身の昆虫熱が少し目覚めたんです。

——はい。

内山　私、若い頃からロシア文学が好きで、翻訳して雑誌に載せたりしていたんです。翻訳する際は辞書を引く時間が多いのですが、50にもなると辞書の小さい文字を見続けるのがしんどくなりましてね。仕事も含めてインドアな生活を続けていたこともあって外に出て子どもと一緒に昆虫採集をする時間が楽しかったんです。その流れで多摩動物公園に行ったんです。

——その流れ。

内山　はい。多摩動物公園には昆虫を展示している昆虫館があるので、子どもと私の友人を誘って昆虫館に行ったんです。そのとき昆虫館で〝世界の食べられる昆虫展〟というイベントをやってましてね。世界中でいろんな虫が食べられているっていうことを知って凄く驚いたと同時にちょっと興奮したんです。一緒に行ったみんなもちょっと興奮してましてて「よし、昆虫を捕まえて食べてみよう」「生で食べるのは抵抗があるからカセットコンロを持っていって油で素揚げして食べてみよう」と盛り上がってみんなで河原に向かったんです。で、秋だったものですから河原にトノサマバッタがたくさんいましてね。それまでもトノサマバッタを捕まえたことはあったんですが、そのときいつもと違う感覚を覚えたんです。

——違う感覚。

内山　はい。大袈裟な表現かもしれませんが食べるために彼（トノサマバッタ）を捕まえたときに、私の中の〝狩猟本能〟が充足する感覚があったんです。採取することを目的に捕まえたときよりも強く感じられたんです。

——なんとなくわかる気がします。

内山　そのあと、その場で捕れたてのトノサマバッタを素揚げして食べましたら、非常においしかったんです。蚕のサナギの印象で止まっていた私の昆虫食のイメージが彼で180度変わったんです。その体験が昆虫食を始めたきっかけなんです。

――あの、トノサマバッタってどんな味なのでしょうか。

内山　味は海老とか蟹に近いです。昆虫（甲類）は基本的にそうです。

――先生は20年間で何種類くらいの虫を食べてきたのでしょうか。

内山　100種類以上は食べたんじゃないでしょうか。

――たとえばですけど、ミミズを食べたことはあるのでしょうか。

内山　基本は昆虫専門で活動してますので、最初からミミズを狙って食べることはないですけどありますよ。私、仲間と一緒に〝昆虫料理研究会〟というサークルをやっていまして。毎年夏にセミを捕って食べる〝セミ会〟を開催してるんですが、雨が降ったあとでセミが捕れない日がありましてね。そのときは濡れた地面にたまたまミミズを発見したので、ミミズを食材に入れましょう。となったことはあります。

――ミミズはどんな感じでしょうか。

内山　天然のミミズは泥を食べてその中の有機物を消化していますから、お腹の中に泥が詰まっておいしくないですね。食べるときはお腹を割いて泥を取り除くのですが、皮が硬いので細かく刻んで野菜と一緒に炒めて食べるか、しっかり火を通してスルメみたいに皮の食感を楽しむ感覚で食べるのがいいんじゃないでしょうか。調理してもおいしくないですけど、食べようと思えば食べれるという感じです。

「クワガタはカブトムシより おいしいです」

――蜘蛛を食べたことはあるのでしょうか。

内山　ありますよ。女郎蜘蛛のお腹は黒と黄色の縞模様なんですけど、赤い色が出てくると食べ頃ですね。〝婚姻色〟といってお腹の中に卵がある印なんですよ。さっと茹でて塩を振って食べると、枝豆っぽい味がしますね。脚は食べにくいので取って食べたほうがいいですよ。

――カマキリはありますでしょうか。

内山　ありますよ。カマキリは秋口のお腹に卵が入ったメスがおいしいですよ。生命が凝縮していますからね。それと、カマキリの卵嚢をチャック付きの袋に入れて壁にかけておくと、桜が咲く春頃に子どもがバーっと誕生するんですが、子どもカマキリはさっと油に通してふりかけにするとおいしいですね。

――カブトムシとかクワガタなんかはどうなんでしょうか。

内山　日本のカブトムシは腐葉土を食べていますから不味いですよ。クワガタは朽木を食べているのでカブトムシよりはおいしいですね。

――ダンゴムシはどうでしょうか。

内山　ダンゴムシはおいしくないです。土を食べてますから。

――さすがにゴキブリは食べたことないですよね。

内山　日本の家庭でよく見かけるチャバネゴキブリは一度だけ食べたことがありますけど、消毒液の匂いが非常にキツかったですね。

――消毒液の匂い。

内山　雑食で生ゴミも食べる彼ら（チャバネ）は自分の身体を守るための防御物質を体内で作っているので、食用には向かないですけどマダガスカルゴキブリやアルゼンチンゴキブリといった食用のゴキブリはおいしいですよ。

――あの、ここまで話してきましたが、私が昆虫食についてまったく知らないので質問責めをしてしまっているのですが、ご気分を害されてませんか。

内山　大丈夫ですよ。知らない味を知りたいっていう欲求は私も強いですから（ニッコリ）。

――ありがとうございます。もう3つだけ質問してもいいでしょうか。

内山　どうぞ。

――いままで食べた昆虫の中でいちばんおいしかった虫とはなんでしょうか。

内山　日本に生息している虫の中ではカミキリムシの幼虫ですね。

――カミキリムシの幼虫。

内山　はい。味はマグロのトロです。〝昆虫界のトロ〟とも言われるくらい絶品ですね。海外ですとパプアニューギニアに生息しているヤシオオサゾウムシが絶品ですね。

――パプアニューギニアに行って食べたんですか。

内山　日本で食べました。以前『探偵ナイトスクープ』に呼ばれることがありまして、そのとき番組の方に用意していただいて食べました。

――『探偵ナイトスクープ』。

内山　私、3～4回出てるんです。最近だと先々月出ましたね。

――先々月はどんな依頼だったのでしょうか。

内山　かなりの虫嫌いで虫を見かけるだけでもつらい。とくに蜘蛛が嫌いだという鹿児島のご夫婦の虫嫌いを克服するという依頼で呼ばれました。

――どうやって治したんですか。

内山　最初に大阪の催眠療法の先生を呼んで、ご夫婦に催眠術をかけて蜘蛛と遊べるようにしてましたね。手に乗せたり頭に乗せたり。その次に蜘蛛を食べてみましょうということで私が呼ばれましたので、蜘蛛を素揚げして塩で食べていただきました。

――やはり昆虫は素揚げに塩がいちばんおいしく食べる調理法なのでしょうか。

内山　自然界のものって雑菌がある可能性がありますから、高温で揚げたほうが衛生的にいいですし、うまい不味いは別にして、油で揚げたほうが食べやすいですね。昆虫食に慣れて昆虫そのものの味を味わいたい方は茹でて食べてみるといいですね。

――はい。では最後にお聞きしますが、先生にとって昆虫食とはなんでしょうか。

内山　古くて新しい体験ですかね。

――古くて新しい体験。

内山　はい。昆虫料理研究会で昆虫食のイベントを毎月やってるんですけど、参加者は20代30代の若い方が多いんです。若い方と出会っていろんな話をすることは私にとっては食べることに匹敵するくらい楽しい体験でもあるんです。昆虫を食べることも、まだ知らない新しい味に出会う欲求とか、狩猟本能だとか、若い人と出会うといったことは50歳のときの私にとっては古い体験になっていましたが、昆虫食のおかげで新たに体験することができているんです。私にとって昆虫食は古くて新しい体験をさせてくれる楽しい趣味です（ニッコリ）。

――先生、今日は古くて新しくて楽しい昆虫食の話を聞かせてくれてありがとうございました。

俺の人生にも、一度くらい幸せなコラムがあってもいい。

第96回「プロレスで例えると何ですか?」

プチ鹿島

たまに「これをプロレスで例えてみてくれませんか」というお題をいただくことがある。最近だと思わず笑ってしまったのは「山本太郎をプロレス史で例えると何ですか?」だった。無茶ぶりすぎる。これが2019年最強のお題だった。

参院選があり、「れいわ新選組」を率いていた山本太郎氏へ注目が集まっていた頃だ。〝山本太郎現象〟とも言われつつ、一方でどう評価していいかわからない人も多かったよう。つまり半信半疑なのである。この時点でもうプロレス案件ではないか。それにしても難解なお題だなと思いつつ、こういうネタこそ真面目に考えてみようと思い、引き受けた。

まず私が注目したのは「マイノリティー」という部分。

「多様な価値観を受け入れよう」「マイノリティー（少数者）の権利を認めよう」。これらは最近よく聞くフレーズである。しかし今の世の流れはプロレスファンならとっくに経験済みなのである。プロレス界ではとても大切な価値観。

なぜならプロレス史をみると「弱者」こそが歴史を作るからだ。ファンの目線はメジャーもマイノリティーも同じ温かさを持つ。とくに後者はファンは選手や団体と一緒に物語を共有して熱くなれる。馬場に対する猪木、藤波に対する長州力、男子に対する女子プロレス。数え上げたらキリがない。プロレスというジャンル自体がマイノリティーだった時代が長かったせいだろう。むしろ「弱者は強い」のである。

では山本太郎&れいわ新選組はプロレス史視点だとどうなのか？　最初に浮かんだのは大仁田厚である。キワモノ、イロモノ扱いされた大仁田だが、その熱さと泥臭さが浸透していくにつれメジャーの特権階級感もあぶり出した。支持とアンチがハッキリしてるのも山本太郎に似ている。

しかし昨年の参院選を席巻した〝山本太郎現象〟を見たら、もっと芯を食っている気がしたのだ。「安倍一強」と「まとまらない野党」の膠着状態が続く中、山本太郎は「苦境にあえぐ農家や中小企業、商店主など旧来の自民党支持者たちに支持されています」（政治学者・中島岳志）というプロの分析まで登場していた。保守層にまで食い込んでいるというのだ。つまりカウンターより、構造そのものに風穴をあける役割さえ期待されている気配があった。

ここで私は90年代前半の空気を思い出した。プロレスに対する変革を望まれた前田日明に近いように感じたのだ。ただ、前田が（第二次）UWFを旗揚げしたときは仲間がいた。れいわ旗揚げ時の山本太郎はひとり。そう、同じ前田で例えるなら〝ひとりぼっちの旗揚げ〟のリングス設立時に似ていることに気づいた。

あのときの前田は発想の転換で海外の格闘技者にネットワークを求めた。その成功は総合格闘技という新しい時代を切り開く一端を担った。一方、山本太郎も重い障害のある人を「れいわ」の候補者にした。政界にしがらみがないからこその発想だと思ったのである。これはリングスのような予測不能の拡がりを見せる可能性もあるのではないか？　すると驚くことに前田日明自身が参院選を語る記事が東スポに出ていたのだ。前田が注目していたのはなんと山本太郎であった。山本の政策に関して「俺とまったく同じことを言っていて、びっくりしたよ」とアキラ兄さんは言っていたのである（東スポ２０１９年7月5日付）。

さらに「議員になった頃は原発ばかりで、これで6年はつらいだろうなと見ていたけど、本当によく勉強していて、見直した。これから潰されてしまうかもしれないが、一つの波を起こすかもしれないね」とも述べていた。この前田日明の記事があったからこそ、最初はなんとなく浮かんでいた見立てが「できた！」と思ったのである。

そして私は次のように思った。「大化けしていく人物を見るのはプロレスファンの醍醐味だ。一方で容易に飛びつかず半信半疑にウオッチするのもプロレス者である」。

そして最後に「先導者か、扇動者か。ホンモノか、一杯食わせモノか。これだけの興味を集める山本太郎はすでに〝プロレスラー〟であることは間違いない」と結論づけた。

選挙結果を見たら、山本太郎参院議員が代表を務める「れいわ新選組」は比例代表で2議席を獲得した。重度の障害を持つ船後靖彦氏と木村英子氏が当選者となった。優先的に当選させたい人をあらかじめ決める「特定枠」に2人を充てていたので山本太郎自身は落選したが、しかし2議席は驚異の結果だとマスコミは伝えた。「特定枠」は自民党のための制度と思われていたが、まんまとそれを自分の党に使うのもプロレス的な発想であった。

では山本太郎は引き続きリングスのような予測不能な展開を見せるのか。それとも今後は違う団体やレスラーの例えが必要となるのか？　政党への個人的な支持・不支持とは別にこういう遊びはおもしろい。

そもそも私が10代の頃に「昭和自民党」に興味を持ったのも、派閥の分裂や旗揚げがプロレス史そのものに思えておもしろかったからだ。

２０２０年はどんな政治家でどんなプロレスの見立てができるのだろうか。楽しみである。

プチ鹿島（ぷち・かしま）1970年5月23日生まれ。芸人。
『中居正広のニュースな会』（テレビ朝日系・土曜昼12時〜）出演中です。

［特集］

MONSTER IDOL

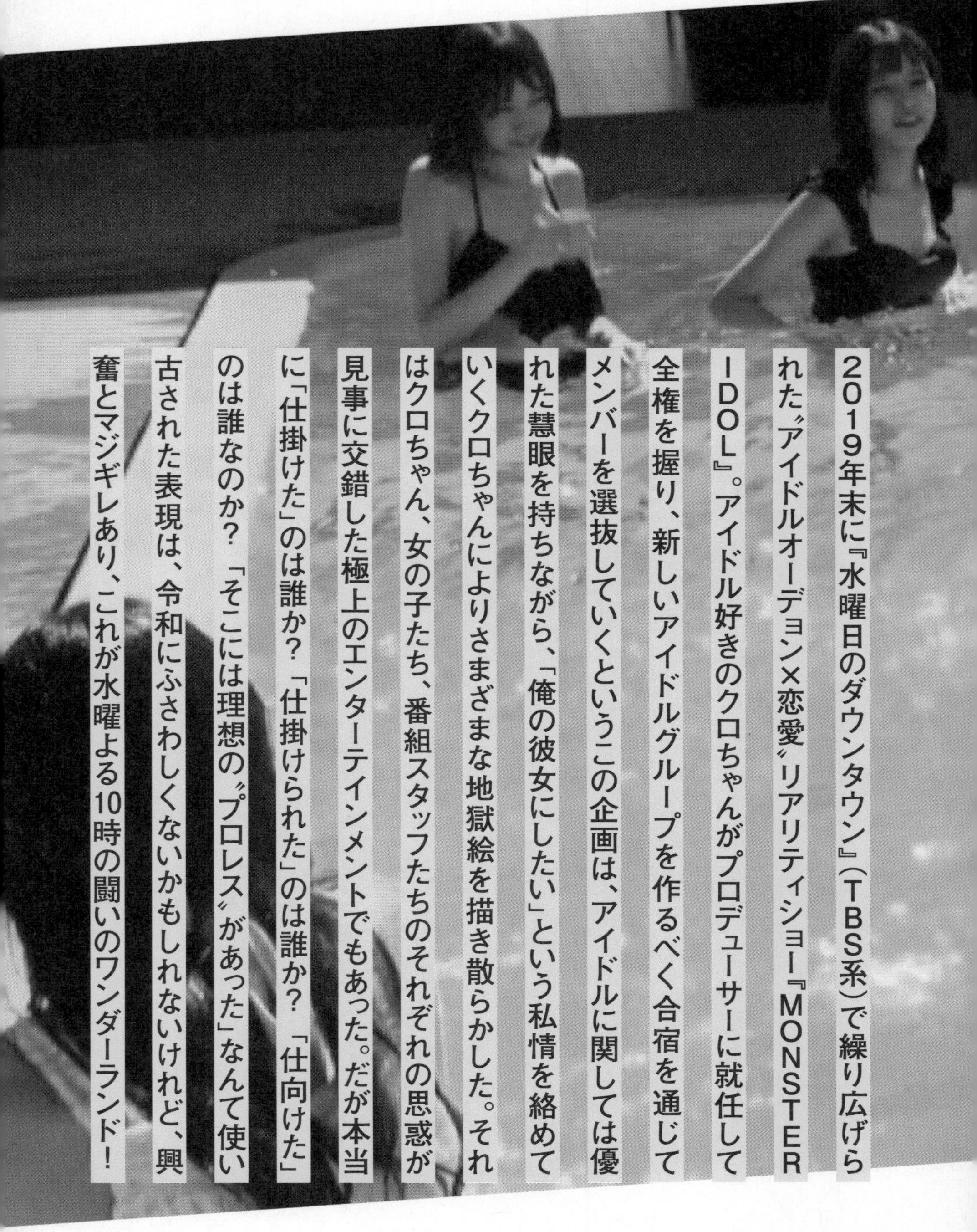

2019年末に『水曜日のダウンタウン』(TBS系)で繰り広げられた〝アイドルオーデョン×恋愛〟リアリティショー『MONSTER IDOL』。アイドル好きのクロちゃんがプロデューサーに就任して全権を握り、新しいアイドルグループを作るべく合宿を通じてメンバーを選抜していくというこの企画は、アイドルに関しては優れた慧眼を持ちながら、「俺の彼女にしたい」という私情を絡めていくクロちゃんによりさまざまな地獄絵を描き散らかした。それはクロちゃん、女の子たち、番組スタッフたちのそれぞれの思惑が見事に交錯した極上のエンターテインメントでもあった。だが本当に「仕掛けた」のは誰か?「仕掛けられた」のは誰か?「仕向けた」のは誰なのか?「そこには理想の〝プロレス〟があった」なんて使い古された表現は、令和にふさわしくないかもしれないけれど、興奮とマジギレあり、これが水曜よる10時の闘いのワンダーランド!

 写真:©TBS

「ピンチもスワイプもできないけれど」
（匿名希望のマスクマンによる視聴者投稿）

文：スーパー・ササダンゴ・マシン

以前、あるセミナーで講演を頼まれた。新潟へのUターン移住者を増やすために、地方自治体が主催しているイベントだった。自分の出番の前に登壇していたのは、新潟では有名な若手起業家たち2人。両名とも新潟の大学生全員があこがれるような立派なIT社長で、高めのスツールに腰かけ、短パンで足を組んだままこんなことを話していた。

「うちの小さな子どもが、家でずっとテレビ番組を観ながら、画面を触って何かやってるんですよ。で、『何やってるの？』って聞いたら、悲しそうに『パパ、この画面触っても全然動かなくなっちゃった。壊れちゃったのかなー』って言うんですよね」

「はいはい、テレビってタップもピンチもスワイプもできませんからね」

「もうテレビっていうのはいまの小さい子どもたちにとっては、観る、観ない以前に、タブレット以下のただのスペックの低いデバイスでしかないんですよ」

テレビの時代は終わった、とか言われるのも、自己紹介しただけで「あ、私テレビ観ないんで」って言われちゃうのも、なんとなく慣れていたつもりだったが、テレビの本体そのものを〝スペックの低いデバイス〟と一刀両断されるパターンがあるとは思わなかった。いろいろなマウントの取り方があるんだなあと感心もしたし、自分自身の肌感では「そうかなあ？　テレビって普通に映ってるだけで、ネットでバズってるくらいの威力全然まだあるんだけどなあ」と真面目に感じてる部分もあるので、グッと唇を噛み締めながらそのやりとりを聞いていた。

　とかくこういう暗めのエピソードを導入部として語られがちな番組ランキング1位が『水曜日のダウンタウン』である。あれだけタバコを吸う芸人を面白おかしくいじり倒している番組なのに、最近気がつけばJTのCMがガッチリ流れるようになったことでもおなじみの、あの『水曜日のダウンタウン』。水曜よる10時に近所のエニタイムフィットネスに行けば、有酸素運動してる人のマシンのモニターにはだいたいこの番組が映っている。

　そんな『水曜日のダウンタウン』の連続企画『MONSTER IDOL』が、2019年11月にスタートした。2018年が『テラスハウス』のオマージュ企画（『MONSTER HOUSE』）だったので、当然今年その続編があるとしたら同じ恋愛リアリティショーとして人気の『バチェラー・ジャパン』を換骨奪胎してくるに違いない。ボクと同じような想像をしていた好事家も多かっただろう。

　しかしその予想は大きく裏切られた、というかそんなレベルじゃなかった。

　あくまで大きな設定は、番組と連動したアイドルオーディション企画。しかしそのアイドルグループのプロデューサー役はクロちゃんで、メンバー選びからグループ名、楽曲作りのディレクションまですべてを一任されている。当然その一部始終に、クロちゃんの異常なまでの私情が介入し、沖縄で行われたオーディション合宿は地獄絵図と化した。

　「アイドルオーディション×恋愛」、さらに突っ込むなら「アイドルオーディション×プロデューサーの花嫁探し（バチェラー）」という、「芸能界って薄々そういうのあってもおかしくないよな」という、皆が意識のどこかで蓋をしてしまっている本質的な相似構造すら明るみに出し、かつエンターテインメントに昇華するこの企画。初回の放送をオンエアで目撃した時点で、ボクの瞳孔はガンガンに開き、全身鳥肌を立たせたまま藤井健太郎氏に「なんという企画としての穴のなさ！　興奮して死にそう!!」とLINEを送ってしまったほどだ。

　毎放送のラストでは脱落メンバーがクロちゃんから発表されるが、ダウンタウンの2人をはじめ、スタジオのパネラーたち全員が「次は誰が落とされるんだろう？」と真剣極まりない表情で予想しているのも、バカバカしくて最高だった。

クロちゃんプロデュースとはいえ「WACKが手がける新しいグループからのデビュー」という最高の出口が保証されているので、オーディション参加者への多少の負荷も、この先の明るい未来を予想しさえすれば、たいした苦じゃないよなあと安心して見ていたが、「パワハラだ！」「モラハラだ！」「いや、そもそも黒川の存在自体がセクハラだ！」と、放送初回からTBSへ多くの苦情が寄せられた。

2回目からの放送では、一度は完パケしたVTRから、さらなるクレームの対象となりそうな箇所がバッサリとカットされたらしい。最良のコンテンツを作るためなら、どのような労苦も惜しまないチームだ。どんな批判に晒されたって、ひとつでも多くの笑いを生み出すことを優先する番組なのだ。忸怩たる思いがあったことは容易に察することができる。

脚本家・宮藤官九郎さんが『週刊文春』（11／14号）の連載コラムでこんなことを書いていた。

「見ている人の『見せて！』という声よりも、見てない人の『見せるな！』という声が優先される社会。面白さよりも健全さが求められる時代に何を創ればいいのか。ずっと考えています。もう誰もテレビに斬新さなんか求めていないんじゃないかとさえ思う。そういうのはネトフリとかアマプラとかそっち行けと。違う！　そう！　違う！　やっぱりテレビは娯楽の王様。ライ

このあとクロちゃんの行き過ぎた言動があったため
一部シーンをカットしてお送りします

オンなんです！」と、これは16年前のドラマ『マンハッタンラブストーリー』で森下愛子さん扮する女流脚本家が叫んだ台詞ですが、今だってテレビは弱者が椅子取りゲームをする場所じゃないし、俺も今年いっぱいはここで戦う責任があるので、胃薬片手に腐らずやるしかない。
いだてん41話が無事放送されるのか、現時点では分かりません。徳井さんが好演しているのを知っているだけに無念ですが、たとえ這ってでもゴールしてみせます。」

この原稿を書いている時点で、ボク自身『MONSTER IDOL』にどんなエンディングが用意されているか、じつはわかっていない。みんな胃薬片手でも、地べたに這いつくばっていたとしても、最高にハッピーなゴールが待っているに違いない。この企画に携わったすべてのみなさんには最後まで戦いをまっとうする責任がある。クロちゃん最高じゃんねぇ。

最後に、『KAMINOGE』読者に限ってそんな人はいないと思うが、どうしても「こんなもん見せるな！」と思ってしまったあなたに、いいことを教えよう。テレビの画面に親指と人差し指を開いて、つまむようにシュッてやると見たくない画面がそのまま小さくなって消えるんで、不適切だと思うものが画面に映っていたら試してみるといい。「ピンチアウト」という機能らしいです。

MONSTER IDOL

いったいどういうつもりなのか

令和元年に勃発した〝黒川事変〟を検証。この最凶モンスターはいかにして誕生したのか？

クロちゃん

［安田大サーカス］

「カットのシーンはここだけの話、ボクが瀬戸内寂聴さんの説法的ないい話をした記憶があるんですよ。
それに彼女たちは感化して、いっぱい泣いていたんだと思います。
だからなぜカットされたのかがよくわかんないですよね」

（と肩をすくめて微笑む）

撮影：橋詰大地
写真：©TBS
聞き手：井上崇宏

「大好きなアイドルを自分がプロデュースするとなり、やっぱり……とてつもない責任感が生まれましたね」

――1年前の『MONSTER HOUSE』に続き、このたびもカッカしながら観られる娯楽を提供していただき、ありがとうございました（笑）。

クロちゃん　いえいえ、そんな。ボクとしては最初、急に目隠しをされて連れて行かれて、いきなり「アイドルグループのプロデューサーです」って告げられたから、「なんなんだよ。事前に言ってくれてたらいいのに！」って思いましたよね。しかも、その日のうちに16人いる女の子の中から8人に絞らなきゃいけないってことが始まりましたから。やっぱり「じつは事前に知ってたんじゃないの？」とかよく言われますけど、本当に知らされていないから！（笑）。

――たとえば、もし事前に知っていたとしたら、今回のクロちゃんのオーディションの進め方というのも変わっていたりしたんですか？

クロちゃん　うーん……。そう言われてみたら、何かあるときに準備するタイプじゃないので、なんら変わらない可能性がありますね（と肩をすくめて微笑む）。ただ、やっぱりアイドルが好きで、ライブも年間100本くらい観に行っていて、気になるところがあるとそこでメモを取るぐらいのことをしているわけじゃないですか。そこまで大好きなアイドルを自分がプロデュースするとなったときに、やっぱり……とてつもない責任感が生まれましたよね（と目を閉じて深くうなずく）。それと同時に「いつかアイドルをプロデュースできたらいいな」と思っていて、それがこんなに早く実現したという喜び。その2つの思いが同時に来ましたね。

――まずは16人から8人に絞り、そのあと8人で4日間の沖縄合宿でしたよね。

クロちゃん　とにかく「自分が好きなものだからこそ、きちんとしたものを作らなきゃいけない！」と思っていたので、最初の8人を決めるときも凄く悩みましたよね。全員の歌唱を聴いて、会話をしてみながらなんとか決めましたけど、大変でした。

――ただ、冒頭からクロちゃん個人の嗜好が発動して、ぱっと見で「キミ、合格」みたいな動きもあったわけじゃないですか。

クロちゃん　ああ、あれね。あれは単純に「すべてクロちゃんが決めてください」って自分が全権を与えられていることを言われていたので、目の前に8枚の合格札があったときに思ったことは「俺はプロデューサーなんだから、女の子たちにナメられちゃいけないぞ」ということなんですね。

――その自覚がすぐに芽生えたわけですね（笑）。

クロちゃん　それで「俺が全権を握ってるんだよ」っていうことをわからせるために咄嗟の判断でアイカを合格にしたんです。本当は一瞬ナオに渡しそうになったんですけど、まあ、結果的

にあそこで渡さなくてよかった。そして、その自分が全権を持ったプロデューサーだということを彼女たちだけじゃなく、自分自身に対してもそうですし、もっと言えばスタッフさんたちにもわからせなきゃいけなかった。

――「こういうことでいいんだよね?」という意思確認というか。

クロちゃん　そう。「そっちがすべて決めていいって言ったんだからさ、あとで文句を言うなよ?」と。

――いろいろ考えていらっしゃったんですね。

クロちゃん　いろいろ考えていたような気がしますね。まあ、これは内緒ですけど、単純に「かわいいな」と思ってアイカに札を渡した部分もぶっちゃけありましたけどね（と肩をすくめて微笑む）。だからあとでオンエアを観て、ボクがアイカに渡した瞬間のナオの表情を見て「あっ、効いてるな」って思いましたね。最初に16人を見たときにパッと目についたのがナオだったから、真っ先に合格だと思ったんですね。だからこそ「これは自分でも受かると思っているだろうな」と。だったら、そのナオの感情をもっと出したいなと思ってね。だからあそこでボクが「ナオの泣くところが見たかった」と言ったのは「彼女の感情を引き出したい」っていう意味なんですよ。かしこまった、コーティングされたナオじゃなくて、裸になったナオを見たかったの。

――いや、クロちゃんは「こうしたら、ナオはもっと自分の

ことを考えるようになるから」って言ってましたよね？

クロちゃん　いや、だからそれは「俺が全権を持ってるんだから、俺のニーズに応えられない、好かれない、ハマらないと、俺のアイドルグループのメンバーとして認められない」ということですよ。もしもボク以外の人が選んだら当然違う結果になるでしょうけど、今回に関してはすべてを決めるのはボクだから。逆にね、たとえば女の子のほうがボクに冷たい対応ばかりしてきて、そこでボクが気になる可能性もあるし、それはわからないですよ。とにかくボクのいちばんのファンになってもらわなきゃいけない、好きになってもらわなきゃいけない、ボクの言うことが100だと思って信用してもらわないといけなかった。ただ、これは内緒ですけど、それこそ半日通して8人を選んでいるときに、こっち側からしても本当にちょっと好きになってる自分がいてね（と肩をすくめて微笑む）。

——ダメですよね（笑）。

クロちゃん　だから、そこの葛藤でちょっと困っちゃってさ（笑）。ダメなことではあるんだけど、「俺を好きになれ」と言っておいて、ボクのほうが好きにさせられている部分もあったのは事実。でも「こういうものなのかな」って。それこそボクはアイドルが大好きだから、ＡＫＢさんとかを見ていて「アイドルは恋愛禁止」っていうのは絶対にボクもそれがいいと思ってるんですよ。恋愛禁止のほうがそのぶんいろんな人から愛されたりもするし、そういう束縛や規制があったほうが女の子たちもいろんなことに感化したり、成長するなとも思うから。だからボクも最初はそのつもりではいたんですけど、ちょっとずつね、こっちも人ですから。

――こっちも人！（笑）。

クロちゃん　そういう感情が芽生えるとはボク自身も思っていなかったから、そこでちょっと自分の中で悩んだりもしましたね。あの初日も、沖縄合宿でもずっと葛藤してた。そうそう、あの初日のオンエアは20回くらい観ましたね。「ナオの泣き顔が見たい」という自分が仕向けた通りに彼女が泣いたプロセスがしっかりと描かれていてたまらなかったですよ。

「ちょっと待ってください。ボクが嫌われ者の鬼になってる？　それはちょっとよくわかんないなあ」

――作戦が功を奏したことが気持ちよくて20回観ちゃったと。

クロちゃん　「ナオが泣くためにはどうすればいいか？」と考えたときに、まず最初にアイカに札を渡して「私じゃないんだ……」って思わせる。それと歌唱テストのときも歌い終わったあとに、ほかの女の子たちには「歌ってみてどうだった？」とか「歌は練習してたの？」とかってかならず声をかけてたんですけど、ナオにだけは声をかけなかったんですよ。「はい、ありがとうございました。では次の人に替わってください」って。そのことをあとでナオから言ってきたから「しめしめ」と。「勘がいいからきっちり見てるな」って。そういう何発かのジャブがちょっとずつ効いてるから「あともう一歩だな」と思って、最初の懇談みたいなのがあったときに同じグループだったカエデとミユキをまず受からせてナオを落とすというのが最終の仕上げでしたね。

――こうしてあらためて観てる人たちはクロちゃん本人の口から聞くとおそろしいですね……（笑）。

クロちゃん　それで観てる人たちは「ナオちゃんがんばれ！」ってなるし、ボクからすると作戦成功ですよね。あの子はあの子でボクのことで頭がいっぱいになって、ボクのことを好きになっただろうし。まあ結果、オンエアを何回か観ていたら全然好きになっていないんだけどね、これが（と肩をすくめて「やれやれ」といった表情を浮かべる）。でも、いろいろ考えるようになったのは間違いないだろうし、彼女は成長もした。もちろんボクも彼女の涙を見たことでもっと好きになっちゃってる。やっぱ女の涙は尊いですからね。

――女の涙は尊いですか。

クロちゃん　だけどあのあとも毎回泣くから、ちょっと腹が立ってますけどね。「なんだコイツ、すぐ泣くヤツか」と思って。

――すぐ泣くヤツ！（笑）。

クロちゃん　オンエアを観てて、「おまえ、俺にウソついてるのによく泣いてくれてんなあ。もうわかったからよ」って本当にイラッとしましたから。「そんなさ、男がみんな女の涙に弱いと思うなよ」って言いたいよ。

——クロちゃん、怖いですね……。

クロちゃん　いや、怖くないですよ。やさしい人なんですよ。それで沖縄の強化合宿ですけど、あれは女の子だけじゃなくてボク自身にとっても合宿でしたね。彼女たちのことを見ながら、こっちも歌詞や曲名、グループ名を考えたりとかいろいろやらなきゃいけなかったから必死でした。

——あの歌詞とかグループ名候補とか、ボクは凄くいいなと思って観てました。

クロちゃん　ああ、それはうれしいですね。ボクは歌詞とかまったく書いたことがなかったんですけど、ポエムは中学生からずっと書いてるから。きっかけは中2のときかな？　盲腸で入院したときに病室でポエムを書くようになったんですよ。

——そんなたいした病気じゃないですけどね（笑）。

クロちゃん　いやいや、昔の盲腸っていう言い方はおかしいですけど、ボクの場合は急性で破裂していたら死んでいたかもしれないんですよ。そういう大病を患ったからそのときは運よく手術は成功したけども、「もしかしたら死んでいたかもしれないな。生きるってなんだろう？」とか思ったときにポエムを書くようになり、そのスキルが今回活かされたのかなとは思いますね。

——当時はどんなポエムを書いてたんですか？

クロちゃん　日常的なことをよく書いてましたけど、最初に書いたのは『鬼』ってやつ。桃太郎とかに出てくる鬼のことなんだけど、

「鬼ってやさしいんだよ
本当にやさしい生きものなんだよ
人に蔑まれ
嫌われ
嫌がられてもグッと耐える
そんな鬼にボクはなりたいとそっとつぶやく」

っていうね。

——素晴らしいですね。

クロちゃん　ね？

——いやいや、本当にそんな鬼になれていることが素晴らしいですよ（笑）。

クロちゃん　いや、ちょっと待ってください。それはボクが嫌われ者の鬼になってるってこと？　それはちょっとよくわかんないなあ。

——いや、鬼になりたかったんですよね？（笑）。でも、たしかにずっとポエムを書き続けていたこととか、アイドルファンとしてのキャリアの蓄積が今回随所で出ましたよね。いきなりプロデュースしろと言われて、パッとああいう歌詞やグループ名とかの発想は出てこないだろうと思いましたから。

クロちゃん　だけどオンエアで観たら、ボクが歌詞を発表しているときに彼女たちが笑ってたのがよくわからなかったですね。

「コイツら、やってくれてるな」って。グループ名を考えていたときにWACKの渡辺（淳之介）さんが「自分の中でこれはダサいなと感じても、思いついたことはすべて出したほうがいいですよ。もし、売れたときにはそれが逆にカッコいい感じになったりしますから」って言ってて、「そっか。だったら自分の感性で思ったことを全部書いてみよう」と思ったんですよ。

「ホントここだけの話ですけど、『もう好きになっていってるんだから仕方ないしん！』と思って（笑）」

——それは本当にその通りですよね。

クロちゃん　だからあの歌詞に関しても自分のすべてを出してみたのに「コイツら、なんで笑ってんだ？」っていうね。昔、ボクはツイッターにもちょこちょことポエムを載せてたんですよ。夜中に闇ポエムじゃないけど、ボクが闇から追いかけられてるみたいな感じのやつとか、それに対して邪悪な者になりたくないボクは逃げるっていう感じのやつとか。いまでもそういうポエムを夜中に書いているんですけど、おもしろいなと思うのが自分の中で気持ちの変化があるみたいで、もともとは闇から逃げていたはずで「今日もまだいい人間のままでいられた」となっていたのが、半年くらい経つとね、自分がすっかり闇に飲み込まれてしまっている感じに変わってたりするから、それが自分の中で凄くおもしろくて。

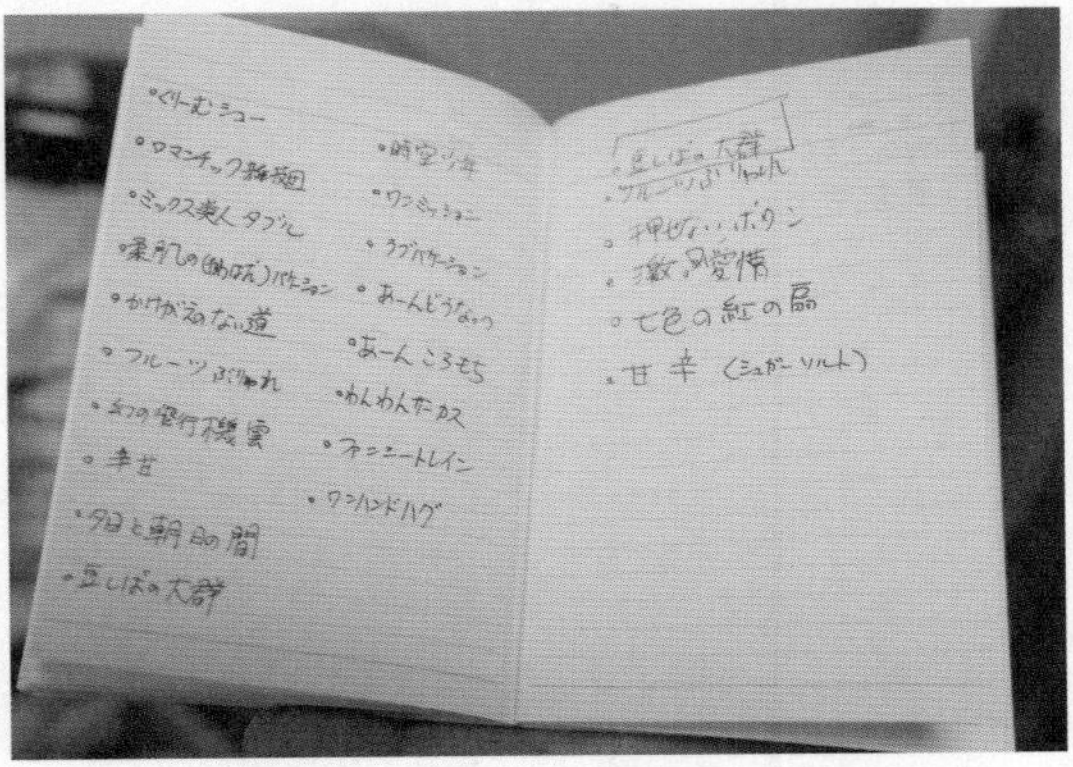

——書いたポエムによって、そのときの自分の心のありようがわかるというか。

クロちゃん　だから「いまは邪悪な部分にあこがれてるんだな」とかわかったりするんですよ。だから今回の歌詞も、そういう人間の心の奥底という部分まで踏み込んで書いたつもりです。あとは彼女たちを見ながら「この子たちだったら、こういう詞が似合うだろうな」ということも考えて書いて。だってね、もともとボクがアイドルを作るなら、年齢はもっと下のグループでやりたかったんですよ。

——と言うと？

クロちゃん　要するに小学生とか中学生だけのメンバーで。でも今回の彼女たちは全員18歳以上だったので、むしろ自分のほうから向こうに合わせるというか、気持ちを寄せていく部分もあったりして。だって自分が小中学生にやらせたいと思っていたことを押しつけても、彼女たちには合わなかったりするでしょ。

――彼女たちは小中学生じゃないから、すり合わせが必要だったってことですね。それとプラスして、性的な目でも見るようになったってことですよね？

クロちゃん　まあ……まあね、性的な目というか（笑）。これは内緒ですけど、やっぱりあやって近くにいるとそういう目で見たり、考えたりとかしますよね（と肩をすくめて微笑む）。それでこっちがそういう行動をすることによって、彼女たちの素の部分が見えたりもするから、審査をする上でいろんな表情が見られていいんですよね。

――一石二鳥だと。

クロちゃん　そうです。でも、なんて言うんですかね、言い方が難しいな。ホントここだけの話ですけど、「もう好きになっていってるんだから仕方ないしん！」と思って（笑）。ただ、いくら好きになろうがやっぱり恋愛禁止のつもりでいるから、そこが本当にね、けっこうフラフラしてましたね……。見方を変えれば、それだけ魅力的ですよ、彼女たちは。

――そうしてフラフラしているなかで、アイカさんにスパイ活動をさせたり、それがのちに地上波ではオンエアできない惨事を引き起こしてしまったわけですけど。

クロちゃん　あっ、あそこのシーンはどこかで絶対に観せてほしいですよ。もしDVDとかになったら特典で入れてほしい。あの場面があったからこそ彼女たちは団結したと思うんですよ。ボクはあそこで科学反応、ビッグバンを起こしたわけで、そういうことを体験して強いアイドルグループになってもらわなきゃいけない。やるからにはてっぺんを獲ろうと思ってるんだからさ、こっちもそんな生半可なことはできないですよ。これからプロとしてやる以上は全員で腹を括らせなきゃいけないから。

――まあカットされたので、あそこで何があったのかは知らないんですけどね。

クロちゃん　あっ、知らないんですね。流れ的には「アイカがスパイをやったことに対してコイツらはそこまで言うのか。ふざけんなよ」と思ってやった部分ですから。あのとき彼女たちはいっぱい泣いてましたけど、ここだけの話、あそこでボクがいい話をして、それに彼女たちは感化して泣いていたような記憶がありますね。説法的なものが繰り広げられていたというか。

――クロちゃんの言葉に胸を打たれての涙だったんですか？

クロちゃん　ずっと胸に溜まっていたものが一気に噴き出した状態ってやつ？　たしか瀬戸内寂聴さんみたいなことをボクは話した記憶があるんですよ。

――じゃあ、カットにはならないじゃないですか（笑）。

クロちゃん　だからおかしいなと思って（と肩をすくめて微笑む）。「こっちは遊びでやってるんじゃないよ」ってことをやさしく伝えただけだし、そこで泣いてすっきりしただろうし、腹を割ってしゃべったことによって彼女たちの絆も深まったし、

強くなれたと思いますから。

――でも、とにかくスパイをやらされたアイカさんがかわいそうで仕方なかったですよ。

クロちゃん　オンエアが始まってからアイカがこんなに人気者になるとはボクも思っていなかったし、アイカ本人もオンエアが始まったらいろんなことを言われるんじゃないかと不安になっていたはずなんですよ。だからスパイをやってよかったですよね。まあ、ボクに向かって「口臭いです」みたいなことを言ったのにはビックリしましたけど、オンエア上ではおもしろい感じになっていたので、まあいいかなって。

「彼女たちとアイドル界のてっぺんを獲って一緒に泣きながら笑いたい。ボクじゃなきゃ舵取りできないから」

――今日は臭くないですけどね。

クロちゃん　そうでしょ？　だからあれでアイカにはイラッとしましたからね。スパイ活動にしても、もしかしたらアイカが本当のことをボクに言ってない可能性もあったから、ここはもう2、3回締めつけておこうと思って「もしかしたらもうひとりスパイがいるかもよ」って感じのことを言って、そこでプラスアルファで新しい情報が聞けたらなと思ってたら、まさかの「少し臭いです」っていうね。ここだけの話、あれを聞いたときは「コイツは勘が鈍いな！　そんなことを聞いてるんじゃやないよ、いまは！」と思ってすげえイラッとしましたよ。

――そして最終日ですが、メンバー4人を決定するときにカエデちゃんを落としましたよね。その理由は歌唱力とダンスがほかの子たちよりも遅れていたこと、それとアイドルは恋愛禁止なので、クロちゃんは本気でカエデちゃんと付き合いたいと思ったから落としたという。

クロちゃん はい。その通りですね。

――それはどっちも本音ですか？

クロちゃん 両方とも本音ですけど、そこも凄く悩みましたよね……。たしかにカエデは歌やダンスは劣ってたけど、カリスマ的な魅力があるなと感じていたので。だからグループにほしいなと思ったんですけど、結果トータルして、やっぱりボクにしか与えてあげられない幸せ、アイドルをやること以上の幸せというものを与えてやりたいなと思いましたね。

――クロちゃん、ホンモノのモンスターですね……。

クロちゃん もう、誰がモンスターなの。ボクは人間、ヒューマンだから（と肩をすくめてはにかむ）。

――『MONSTER HOUSE』のときも思ったんですけど、あれってクロちゃんはどこまでマジで女の子のことを好きになってるんですか？

クロちゃん ボク？　100ですよ。だから告白をしてフラれたときは本気で「ハアッ⁉　ウソでしょ⁉」って思うし、「なんでコイツは断るんだ⁉　いやいや、ちょっと待てよ！」ってなってるから。

――やっぱり、あんな命乞いは100の気持ちじゃないとできないですよね。

クロちゃん 「俺たちは好き同士でしょ」って思ってるからこそ、こっちはいちばんいい告白をしてやろうと思ってるのに、それを断る意味がボクにはわからない。だからあのあとは本気でパニックになってますよ。あっち側はこっち側と全然違うこと言ってくるから「えっ、俺は嫌いな子に告白したの？」って思うくらいです。本当に赤っ恥ですよね。精神的にめちゃくちゃ引きずりますし、いまはまだもう少し時間が経たないと無理だと思ってます。

――そんな精神状態のときに、のこのこと話を聞きに来てしまってすみません。

クロちゃん いや、「間を空ければ、もうワンチャンあるかな」と思ってる部分もありますから。だけどいまそれよりも大事なことは、豆柴の大群のCDがどのタイプをいちばん多く売り上げるかで、ボクがプロデューサーじゃなくなるかもしれないという問題ですよね。でも、このシステムってボクにご褒美がなさすぎませんか？　だってタイプAはプロデューサー続行、Bはプロデューサーじゃなくなる、さらにもうひとつのCなんかはプロデューサーじゃなくなって、なおかつ罰ゲームでしょ。もう意味がわかんないから！

――たしかにクロちゃんにしてみたら、プロデューサー続行でプラマイゼロですよね。

クロちゃん　それで現状維持ってことでしょ。ボクが生んだアイドルグループなんだから、ボクじゃなきゃ舵取りできないし、第2弾はどういうふうに攻めようかなとかもすでに考えてるんですよ。だから本当にタイプAのCDをたくさん売らないといけないんですけど、なんでそんな努力をしなきゃいけないのかっていう疑問もあって。

――やっぱりクロちゃんがプロデューサーじゃないと今後の成功はありえませんか？

クロちゃん　成功しないです（きっぱり）。ボクの想いしか詰まっていないグループなんですから、彼女たちとアイドル界のてっぺんを獲って、今度は一緒に泣きながら笑いたいなと思っていますね。

――わかりました。ここからはクロちゃんのことをもっと深く知るべく、ざっとこれまでの半生を振り返っていただきたいんですが。

クロちゃん　ボクの半生ですか？　はいはい、いいですよ。

――広島県の東広島市出身で、どういう家庭環境だったんですか？

クロちゃん　べつに普通ですよ。両親がいて、ボクと3歳離れた妹のいる4人家族です。

――お父さんはどんなお仕事をされていたんですか？

クロちゃん　ウチの親父はいろいろと仕事が変わっていったんですけど、最終的には保険関係の仕事みたいな感じですかね。それで母親は主婦でしたけど、ボクが中学や高校に行き始めた頃にはパートをしていました。小学校のときは母親からよく叩かれてましたけど、中学校に上がる手前くらいに「もう叩かない」って言われたんですよ。

――「もう叩かない」っていう宣言があったんですか？（笑）。

クロちゃん　「えっ、なんでもう叩かないの？」と思って聞いたら、「仕返しをされたら負けるから」って。

――ああ、なるほど。保身で（笑）。

クロちゃん　あとは毎日小学校から帰ってくると家のカギが閉まっていて、「あれ？」と思ってたら家の中からイビキをかいてる音が聞こえるんですよね。母親はいつも午後3時くらいからビールを飲み始めてそのまま寝ちゃうんですよ。キッチンドリンカーだったんで。

――お母さんはキッチンドリンカー（笑）。

クロちゃん　それで酔っ払って起きないから、ボクは家の中に入れずにいとこのおじちゃんおばちゃんの家に避難してみたいなことがよくありましたね。あと習い事もいっぱいさせられてて、エレクトーンとかサッカーのクラブチームとか、学習塾にも行ったし、硬筆と毛筆もやらされたし、まあけっこうな数の習い事をやってましたから、小学校の先生からは「金食い虫」って呼ばれてましたね。

――どういう意味ですか？

クロちゃん　いろんな習い事をしているのにもかかわらず、サボって遊んでたり、途中で辞めたりしてたんで。でも小学校では学級委員をやったりもしてましたし、素行はよかったですよ。

「ハタチの誕生日のときに母親が泣きながら『頼むから生身の人間を好きになって!』って言ってきたんですよ」

——お勉強もそれなりにできました?

クロちゃん　それだけ塾に行ってたから勉強はできるほうでしたね。だから中学に上がって最初の頃は学年で10位以内でしたから。だけど、そのときに「あっ、こんなもんなんだ? みんな塾とかに行ってないからバカなんだな」と思って、安心しちゃって勉強をしなかったら、1年の終わりにはうしろから数えて10番くらいになっちゃったんですよ。だけどボクは地頭が賢いから「勉強したくない、だから順位が上がらない、さてどうしよう?」って考えたときに「だったら内申点を上げたらいい」と思って生徒会長に立候補したんですよ。

——そういう理由で中学で生徒会長をやっていたんですね。

クロちゃん　そうなんですよ。もちろん「学校をもっとよくしたい」っていうのもありましたけど。

——もちろん学校をもっとよくしたい?(笑)。

クロちゃん　それはもちろんじゃないですか。当時は「緑に囲まれたきれいな学校にしたい」ってよく言ってたんですけど、

もともと田舎なのでたくさん緑があったんですけどね。あとは生徒会費でお菓子を買ってたのがバレて怒られたっていう思い出くらいしかないですけど。

——生徒会費を自由に扱えたんですか。

クロちゃん　生徒会長ですから会計とかもボクが支配してましたね。でも自分が全権を持ってると思ってたのに、先生からそうやって怒られたから「嫌だな」って思いましたよね。ふと、いま気づいたんですけど、今回のナオちゃんをどうしたいとかっていう動きのパイロット版を、その中学の生徒会長時代にやっていたのかもしれないですね。

——パイロット版（笑）。思春期の恋愛事情はどうだったんですか？

クロちゃん　ボクはアニメが好きだったから、『うる星やつら』のラムちゃんとか『美少女戦士セーラームーン』に出てくる水野亜美ちゃんっていうセーラーマーキュリーのことが好きで、生身の人間には興味がなかったんですよね。

——それはいくつくらいまでですか？

クロちゃん　生身への興味は全然ずっとなくて、だけどハタチの誕生日のときに母親が泣きながら「頼むから生身の人間を好きになって！」って言ってきたんですよ。

——泣きながら！

クロちゃん　号泣でしたから。そこでちょっと「俺ってヤバいのかな？」って思って、生身の人間を好きになろうとしたんだけど、実際にそうなるまでけっこう時間がかかりましたね。ボクは大人になってからも母親に「いつか2次元に行ってラムちゃんと結婚する！」とかよくわからないことを言ってたんですけど、あの頃は本気でそう思ってたから。

——クロちゃんは常に「願いは叶う」と思って生きてますもんね。

クロちゃん　その頃から「強く願えば叶う、努力すれば叶う」と思ってましたし、あとは「いつか科学がなんとかしてくれる」と思ってましたね。だから初めて女性と付き合ったのは26、27歳くらいですけど、彼女は『まんだらけ』で働いていたコスプレ店員だったんですよ。私服もセーラームーンみたいな格好だったんで、それがいまで言う2.5次元っぽいからすぐに付き合って。

——当時のクロちゃんにとってはちょうどいい感じの。そのときはもう芸人ですよね。

クロちゃん　芸人ですよ。本当はアイドルになりたかったんですけど。

——クロちゃん自身もアイドル志望だったんですよね。それで大学を中退して、松竹芸能の学校に入られて。

クロちゃん　はい。大阪の松竹なんですけど、当時は芸人だけ

クロちゃん
1976年12月10日生まれ、広島県東広島市出身。安田大サーカス。
花園大学を中退後、アイドルになりたくて松竹芸能に所属するも安田大サーカスのメンバーとしてお笑いトリオを結成。その強面のルックスとソプラノボイスのギャップで人気を博していたが、TBS『水曜日のダウンタウン』で虚言癖のあるクズキャラとしてブレイク。さらに2018年に行われた恋愛リアリティ企画『MONSTER HOUSE』、2019年に行われたアイドルグループプロデュース企画『MONSTER IDOL』でその地位を不動のものとした。

じゃなくて2年間だけ「アイドル部」ってあったんですよ。

——なるほど。アイドルになりたくて松竹に入るっていうのがよくわからなかったんですけど、アイドル部があったんですね。

クロちゃん　それで言うと、大学のときに教育実習があって、ボクは社会福祉学科だったから、少年院の一歩手前の子たちが山で集団生活をしている児童自立支援施設というところに実習に行ったんですよ。そうしたら休憩時間に子どもたちが「先生、歌を歌って！」って言うんで歌ったら凄く喜んでくれたので、「あれ、アイドル歌手みたいなのもありなのかな？」と思って。それで10社くらいいろんな事務所にデモテープを送ったんですけど、どこにも引っかからなかったから、もう大学を辞めて東京に出ようと思っていたときに、友達から「松竹の養成所募集でアイドル部っていうのがあるから受けてみたら？」って言われて、東京に行く前にひやかし半分で受けてみたら合格して。だけどレッスンに行ってみたらネタ見せだったりして、講師の先生に「なんでネタを持ってこうへんねん」って言われたから「騙された！」と思って。それで「ボクはそういうつもりじゃないんで、だったら辞めます」って言ったら「じゃあ、アイドルユニットを組ませてやる」って言うんですよ。

——アイドルをやってもいいぞと。

クロちゃん　当時はミニモニとかタンポポとか、モーニング娘。が全盛期の頃だから「どんなグループなのかな？」と思って、ワクワクしながらメンバーに会いに行ったらＨＩＲＯくんと団長で「また騙された！」と思って。

——「ゴリゴリのデカモニじゃねえか」と（笑）。

クロちゃん　しかも「せっかく集められたんだから1回はやれ」ってよくわからないことをマネージャーに言われたので、しょうがないから「とりあえず1回だけやります」って言って、次の日かなんかにあったオーディションを受けたら、受かっちゃって、それで番組が決まったからもう辞められなくなって。だから自分がやりたいことが全然できていない人生なんですよ。

「今田（耕司）さんがボクを凄く助けてくれたことがあったので、今田さんで妄想してオナニーをしてたんですよ」

——安田大サーカスを結成する前は、どんなアイドル像を思い描いてたんですか？

クロちゃん　ボクはかわいらしい感じが好きだったのと、この声も昔はもっと高かったんですよ。だから自分の声を活かして、女性アーティストの歌とかアニメソングをかわいらしい女の子みたいな感じで歌いたいなと思っていて。こんな感じでこの声っていままでにいないから、世界で活躍してもいいなとも思ってましたね。

——ああ、なるほど。なんか日本じゃない気がしますよね。

クロちゃん　それと昔から女の子みたいな格好が好きだったんで、かわいい格好をして歌いたかったですね。

――クロちゃんって、ちょっと中性的なところってあるんですか？

クロちゃん　いや、ずっと中性的ではありましたよ。男と女のどっちが好きなのかわからない時期があって、それこそ芸人になってからも母親には「生身の女の子を好きになってくれ」って言われてたけど、べつに男と遊んでるほうが楽しいしみたいな感じもあったから「あれ、どっちなんだろう？」って。当時は番組とかに出てもスベることが多かったんですけど、『やりすぎコージー』かなんかのときに今田（耕司）さんが凄く助けてくれたというか、ボクのことをフォローしてくれたりしたことがあったんですね。だけどいくらお世話になっても、今田さんみたいな先輩に対して自分には何も返せるものがないから、今田さんで妄想してオナニーをしてたんですよ。

――えぇっ!? お礼のかわりに今田さんをオカズにオナニーをしていたと（笑）。

クロちゃん　そうです、そうです。

――えっ、たとえばどんな妄想をするんですか？

クロちゃん　２人でチンチンが勃ち合っていて、それを剣道の竹刀みたいな感じでバチンバチンと斬り合ってたら、いつの間にかフィニッシュするみたいな感じの妄想をしたりとかですね。

――「勃ち合う」って言葉、初めて聞きましたよ。じゃあ、男もいけるってことですね。

クロちゃん　だから「どっちなのかな……」ってずっと思ってましたね。って何をしゃべらせるの、もう（と肩をすくめてはにかむ）。

――いやあ、いいですねえ。要するに二重でお世話になってたってことですよね（笑）。

クロちゃん　だってね、いくらスベっても自分でなんでスベってんのかわかんないんですもん。いまでもそうなんですけど、お笑いがよくわかんないんですよ。M―1とかを観ていても「最初に振って、最後にそれを回収する」とかって言うけど、回収する前にボクはその前のことを忘れてるから、意味がわかんないことが多いんですよ。

――伏線をすぐに忘れてしまうと。

クロちゃん　だから「みんなめっちゃ笑ってるけど、なんで笑ってるの？」ってなるんですよね。お笑い番組とかもあまり観ないんですけど、それって観ていてもよくわからないからなんですよ。ボクはアクセルホッパー（永井佑一郎）さんは好きなんですけど、ああいう「ポンポンスポポン、バカテンポ！」みたいにわかりやすいのがいいんですよね。頭を使ったのはあまりよくわからないし、疲れちゃう。そもそもアイドルになりたかったんだから、お笑いがよくわからないのは当然ですけどね。

――そういえば、親からずっと仕送りをもらっているというのは本当なんですか？

クロちゃん　いや、最近はたまに広島に戻ったときはもらったりしますけど、ほぼくれてないですね。

――くれてない（笑）。どうして、この歳になっても親からお金をもらうんですか？

クロちゃん　だって親というのは子どもに手がかからなくなったときに気が抜けて、自分たちのすることがないなと思ったときにコロっと亡くなる人が多いって言うじゃないですか。ボクは親に長生きしてもらって、恩返しをしたいと思ってるからこそなんですよ。だからお金をもらったりとかすると「あの子はまだ大変なんだな」ってなって気が抜けないでしょ。テレビに出てけっこう稼いでるってことが親にもちょっとバレてきてるけど、いくらバレていても「いや、あれはプロモーションだからお金が出てないんだよ」とか「逆にこっち側から出してくれと言って、会社がお金を出してるからギャラはないんだよ」って言ってますから。

――ひどい。じゃあ、仕送りはクロちゃん側から要求していたんですね。

クロちゃん　もちろんです。じゃないと、気を抜いたらあっちは止めようとしてきますからね。こっちはハタチを超えて、ひとり暮らしを始めてからずっと仕送りをもらってるのに困りますよ。

――ちなみに月いくらくらいですか？

クロちゃん　いちばんいいときで25万もらってましたね。

――月25万！　それは20代の頃ですか？

クロちゃん　そうですね。だから仕送りを止めるタイミングみたいなのがあって、最初に「30で仕送りをやめる」って言われたんですね。だけど「それは考え直して。止めるとヤバイよ」っていう話をして続けてもらったんですよ。それで35になったときも「ここで止めたい」って言われたから、「いや、待ってよ。35でもヤバイよ。いま、いろんなことがあるから」と。結局、40くらいまではがっつりもらってましたね。

「ボクはやさしい人なのに〝水曜日〟のせいで凄くキャラクターが変えられてる気がする。苦しいし、地獄ですよ」

――だって仕事で稼いでいて、そんなにお金って使います？

クロちゃん　使いますよ。だってキャバクラに行ったりもするし、あとギャンブルもしますし。キャバクラにはけっこうかかってますね。それにプラスして風俗もありますから。

――はあ。マジで金食い虫ですね。ちなみに風俗はどういった類のものをご所望されてるんですか？

クロちゃん　デリバリーですね。

――えっ、こんなゴミだらけの部屋に呼んでるんですか⁉

クロちゃん　だってここしかないですよね。だから部屋が汚くて、女の子は「えっ、なにこれ……」って引くじゃないですか。

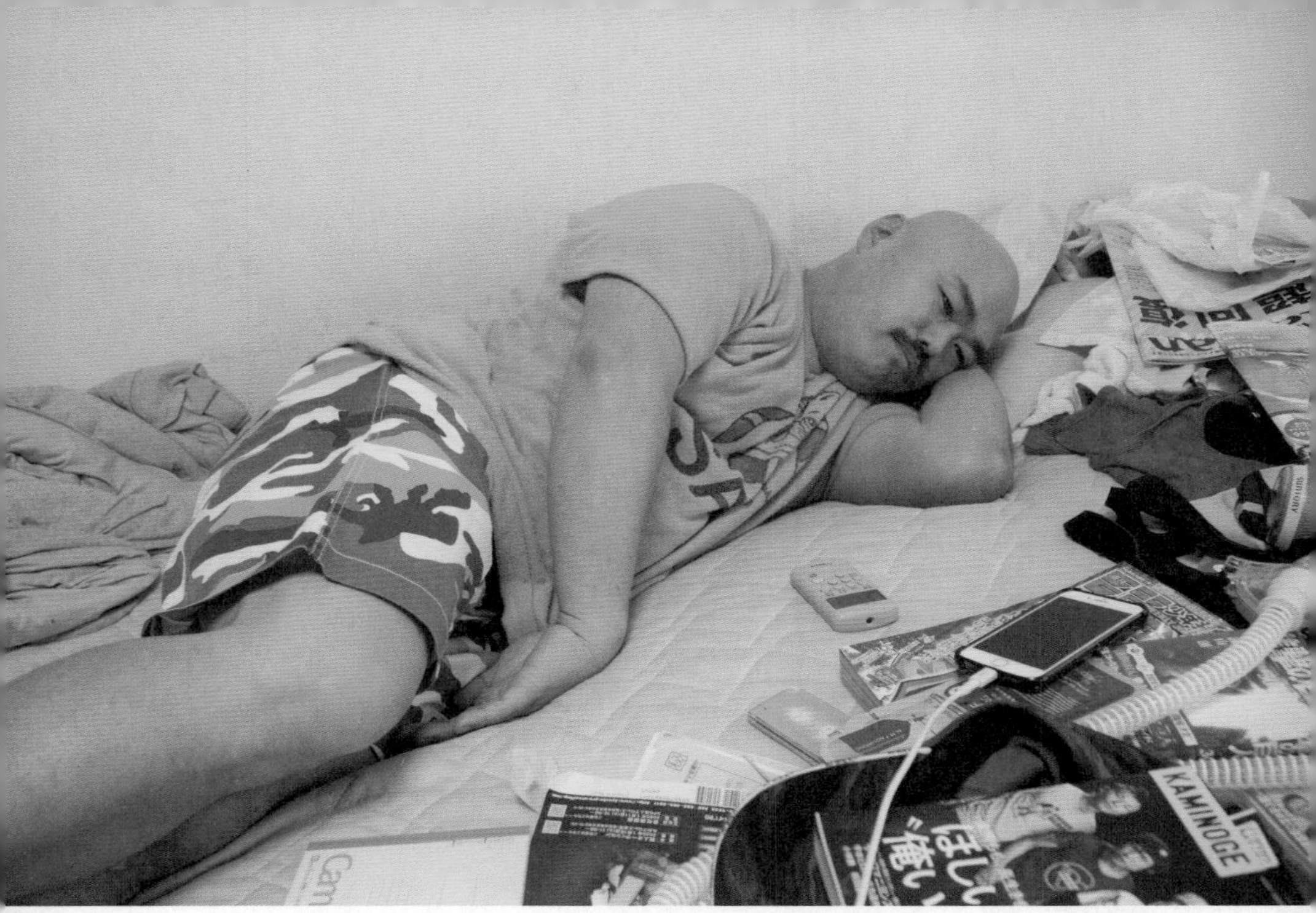

そのときに「違うんだ。わざとこうしてるんだ。今度、お掃除ロケが来るから片づけちゃいけないんだ」って言うようにしてて。お掃除ロケだと言えば、みんな「だからこんな感じになってるんだね」って納得してくれるから。

――で、ここでいたしてるわけですか。

クロちゃん そうですね。このベッドでしたりとか、1年くらい前までは冷蔵庫の前のところにマッサージチェアを置いてたんでそこでしてましたね。途中でマッサージ機を動かしながらしてたら、それに共鳴するのかわからないけど、冷蔵庫からブイーンって音が出始めたりするから、なんかおもしろいなと思って。

――冷蔵庫とセッションが始まるわけですね（笑）。合宿中に言ってましたけど、26、27で初めて彼女ができて、そのあと付き合った恋人の数がけっこう多いなという印象があったんですけど。

クロちゃん 20人くらいですね。だからボクの場合、付き合ってから別れるまでが早かったりするんですよ。最初の子とは3年くらい付き合いましたけど。

――じゃあ、そこから10年ちょっとで20人くらいと付き合ったと。

クロちゃん まあ、被ってるときもありましたからね（と肩をすくめて微笑む）。あとはどこまでをカウントしてるかもあって、その20人の中には付き合っていたけど手は出していないって子

SAFE

もいますからね。

——そういうパターンもあるんですね。

クロちゃん だってその子は「交通事故に遭って身体が弱いの」って言ってたから。だからボクが「じゃあ、身体が元気になったら教えてね」って言ってる間にフォリフォリの時計を買わされたりしましたね。

——いまは彼女はいないですよね？

クロちゃん いないです。もう4年くらいいないかな？

——それは本当ですか？

クロちゃん なんでウソをつく必要があるんですか。〝水曜日〟（『水曜日のダウンタウン』）のせいで最近はずっと「ウソつき」って言われてますよ。

——あとはなんて言われてます？

クロちゃん サイコパス。全然サイコパスじゃないしん！

——でも逆にモテたりっていう現象は起きてないですか？

クロちゃん あー、あります、あります。最近またファンレターがよく来るんですよね。どこにやったっけな？（とリュックの中を漁る）。あっ、これこれ。「このたびはお忙しいなか、私のお手紙を読んでいただきまことにありがとうございますしん。私がクロ様にお手紙を書こうと思ったきっかけは、テレビでご活躍されている姿を見て感銘を受けたからです。『MONSTER HOUSE』『MONSTER IDOL』ではクロ様の前向きな姿や、やさしい姿がとても素敵で、より一層好きになっちゃいました」と。ね？ この子は来年から大学生みたいなんですけど、「クロ様の持ち前の明るさとやさしさを見習ってがんばろうと思います。またクロ様に会えるイベントがあればぜひ行きたいと思ってます」って。この女の子なんかはボクのことを「やさしい」と思ってるんですよ。あとファンイベントとかでも「結婚してください！」とかって言われますからね。

——で、どう返すんですか？

クロちゃん 「あっ、そんなに好きになってくれてるんだね。じゃあ、ちょっと考えておくね！」って。

——ああ、やさしいですね（笑）。

クロちゃん だからボクはやさしいんですよ。それを水曜日のせいで凄くキャラクターが変えられてる気がする。水曜日っていうのはボクにとっては毒で、「毒を食らわば皿まで」という言葉があるけど、ずっと食らい続けてるからよくわからなくなってきてるんですよ。もしかしたら、その毒が入ったことでいまの自分が形成されているのかもしれないけど、ずっと苦しいですよ。そりゃ自分でアイドルを作っていってる満足感もあったりもしますけど、基本は地獄。閻魔大王から舌を1枚抜かれてるのに「もう1枚出せ」って言われてるような気がするんですよ。もう抜かれたはずなのに「まだ出せ」って、どうやったら出せるんですか？ 誰か教えてほしいですよ、本当に。

の大群

NO TAiGUN

デビューの時点で〝りスタート〟。
〝地獄の合宿オーディション〟を
くぐり抜けてきた4人の悪夢と覚悟。
もうやるっきゃないしん！

ナオ

ミユキ

撮影：橋詰大地
写真：©TBS
聞き手：井上崇宏

MONSTER IDOL

世界最速
メンバーインタビュー敢行

豆柴の
MAMESHiBA

© 外林健太

「朝は凄くやさしかったと思えば、夜になると目つきがバッキバキに変わってたりして、ヤバイなって……」（ナオ）

――はじめまして、今日はよろしくお願いします！

4人　お願いしまーす！

――まずみなさん、本当によくぞご無事で……（笑）。

ナオ　なんとか生きてます（笑）。たしかに今回は想像以上に壮絶なことがありすぎましたね……。本当に凄くて、クロちゃんが思っていた以上に……。

――あっ、合宿というよりもクロちゃんが壮絶だった（笑）。

ナオ　クロちゃんです……。テレビで観ていたときよりもキャラの印象が全然強かった気がしましたね。

ハナエ　合宿の最後のほうなんかは記憶が飛び飛びになっているんですよ。

――えっ、なんで記憶が飛ぶんですか？

ハナエ　あとからオンエアを観てると、「あれ？　こんなこと言ってたっけ、自分」みたいなことが多いんですよ。

ナオ　自分のした発言や行動なのに憶えていることが少ないというか。合宿期間中はみんなメンタルをちょっとやられてたので……。

――もちろん、クロちゃんのだいたいの人となりは知ってましたよね？　そのクロちゃんが全権を握っているので、ある程度の覚悟をして合宿に臨んだと思うんですけど。

ハナエ　たしかに前の『MONSTER HOUSE』を観てたので、知ってはいたんですけど……観てるのと体感するのとでは全然違ってびっくりしましたね。

ナオ　なんか……豹変するんですよね。朝は凄くやさしい顔で「おはよー！」とか「この曲ができたよ♪」とかって言ってたかと思えば、夜になったら目つきが変わってたり。もうバッキバキになっていて、みんなで「あっ、ヤバいな、この雰囲気……」ってなったりとか。

――夜は目がバッキバキ（笑）。もう合格しちゃったので、今日は全然ぶっちゃけていただけたらと思うんですけど、クロちゃんみたいな人間にいままで会ったことはあります？

ミユキ　ないですよぉ……。

アイカ　ないです、ないです。

ハナエ　あんなにハッキリと裏表というか、二面性がある人には初めて会ったかもしれない。

ナオ　なんか強烈な部分を持っているいろいろな種類の人たちが、ひとつの身体に集結したみたいな感じがしましたね。

ハナエ　集大成みたいな。

ナオ　ただ今回、歌詞もクロちゃんが書いてくださって、まあ、その歌詞自体にはちょっと変な部分もあったりしたんですけど、最終的に凄くいい曲ができあがったので、プロデューサーとしてはちゃんしてるっていうのはわかったりもしていて。

――たしかにプロデューサーとしては随所で的確な判断をす

るというか。さっき、撮影とかを見ていても、4ショットで並んだときのバランスとか凄くいいなと思いましたよ。この4人を選んだのはクロちゃんですもんね。
ミユキ　そうなんですよね。
ハナエ　だから、なんか嫌なところとか「えっ?」って思うところもたくさんあるんですけど、プロデューサーとしては凄くしっかりしているので、こっちもどうやって見ていいのかわからなかった状態ではあるんですよ(笑)。
ナオ　序盤で脱落していった子たちを落とした理由とかも教えてくれるんですけど、それもちゃんとまっとうな理由というか納得のできるものだったんですね。でも最後に落ちたカエデちゃんの理由が、私にはちょっとわからなかったんですけど……(涙ぐむ)。
——あの沖縄合宿はいつ行われたんでしたっけ?
ハナエ　9月の頭ですね。
——それで現在は寮生活をされてるんですか?
ナオ　私が札幌でアイカが愛知だったので、私たち2人は上京して一緒に寮の部屋に住んでます。
ハナエ　私とミユキちゃんはもともと関東だったので、寮生活はしていないんですけど。
ミユキ　私たちは実家で。

「私が1対1で話していたときのクロちゃんはやさしかったんです。だからオンエアを観てびっくりして」（ミユキ）

――アイカさんはクロちゃんからスパイ役を強いられていましたけど、スパイをやったのは人生で初めてですか？

アイカ　初めてですよぉ！（笑）。

――初めてのスパイ活動をやってみてどうでした？

アイカ　あれって人を裏切るのと一緒なんですよ。いつもみんなで「受かりたいね！」「受かろうね！」って話してたのに、私がスパイをやることでみんなの評価を下げるのは間違いないじゃないですか。遠回しに「みんなを裏切れ」って言われてる気分だったので、そこはちょっと……。

――スパイとしてみんなからコメントを取っていかなきゃいけないなかで、本音を引き出すためにがんばったことって何かあります？

アイカ　いえ、もともとウチは恋バナとかをするのが好きだった人なんですよ。だから自然な流れで聞けたんですよね。

ハナエ　どういう意味？

ナオ　「クロちゃんのこと、本当に好きなの？」みたいなことを自然な感じで聞けたってことだよね（笑）。

アイカ　そうそう（笑）。あと、最初に「スパイをやって」と言ってきたときのクロちゃんの目が人間じゃなかったんでビックリしました……。

——人間じゃなかった（笑）。どんな目をしてました？
アイカ　やっぱりバッキバキの目をしていて「こんな目つきをする人間がいるんだ⁉」ってぐらい目つきが悪かったんですよ。
ミユキ　でも、私が1対1で話していたときのクロちゃんはやさしかったですけどね。なんか親みたいな感じで。
ほかの3人　親⁉
ミユキ　いや、わかんないけど。
——じゃあ、オンエアを観ながら「こんなクロちゃんもいるんだ？」って知った感じですか？
ミユキ　そうです。だから観ててびっくりしましたもん。
——そういえば、ミユキさんはあまり事件に巻き込まれていないですもんね。
ミユキ　そうなんですよ。ここらへん（ナオとアイカ）のバチバチには全然関わっていなかったし、合宿中は平和に過ごしていて「プロデューサーとして凄い人だな」って思ってたから。ただちょっと、水着審査のときなんかは「気持ち悪いな……」って（笑）。
ハナエ　私も直接的にそこまでひどいのには巻き込まれていないんで、なんとなくわかる。集合でいろいろやってるときとかは「怖いな」とか「ヤバい人だな」って思うこともちょくちょくありましたけど、1対1で私の気持ちとかを軽く相談させてもらったりしているときも「うんうん、やっぱりそうだよね」って凄くちゃんと聞いてくれたりして、「あっ、いい人だし、ちゃんとプロデューサーをやろうとしてくれてるんだな」と思っていたので、オンエアを観て「えっ、裏ではこんな話だったの?」みたいな。それはちょっとショックっていうか、引いちゃった部分はありましたね。

――その一方で何も仕掛けてこられなかった自分みたいな、そこへの不満や焦りみたいなものはなかったですか?

ミユキ そうそう、ありますよ。

ハナエ それはありました。

ミユキ 何もないから、「えっ、私はどうやって自分の印象を与えたらいいんだろ?」みたいな。

ハナエ やっぱり『MONSTER HOUSE』を観てたから、「この人に好かれないとアイドルになれないんじゃないか」と思ってたので、「じゃあ、どうやったら好かれるんだろう?」と。でもこっちを好いてない感じというか、恋愛対象には見られていないことはなんとなくわかってたから。

ミユキ うん、うん。

ハナエ やっぱりここらへん(ナオとアイカ)に対しては凄かったんで。だから(ミユキと)「どうする?」みたいな話はしてましたね。

――つまり、そこをハンデと感じたわけですよね。

ハナエ だからウチら、めっちゃ踊ってたよね?

ミユキ うん、そう。

ハナエ 「もう踊るしかない!」みたいな(笑)。

ミユキ　「踊るしかない！　しゃべるしかない！」って（笑）。
ハナエ　「行けー！」って。そっちでした（笑）。

「スパイを断らなかった自分が悪いんだけど、でもやっぱクロちゃんが怖かったんです」（アイカ）

――今回、ナオさんがいちばんメンタルを壊されましたよね？
ナオ　そうですね……。それこそ、まず最初にクロちゃんが「プロデューサーを好きになってください」みたいなことを言ってたじゃないですか？　だから本当に浅はかな考えなんですけど、「私からクロちゃんに『好き』って言っていれば、気に入ってもらえるんじゃないか」と思って、「好きです！」って全然思っていないのに言ったりしていたら、やっぱりスパイでバレちゃって（笑）。
アイカ　あっ、またその話……（笑）。
ナオ　それで「ヤバい！　やらかした！」って思ったんですけど、でももうバレちゃったし、全部言っちゃおうと思って、「恋愛対象としては見てないです」って最後に言って。
――きっぱりと。あれは潔かったですね。
ほかの3人　うんうん。
ナオ　「なんかもう、本当のことを言わないとダメだな」って自分でも思ったので。「でも、ちゃんとアイドルになりたいと思ってここまで来て、一生懸命がんばったことにはウソはない

です」っていうことも伝えられたので。だけど、それでどうして私が残れたのかはまだあまりよくわかってないです。

――それを言った時点では完全に落ちることを覚悟してますよね。

ナオ　はい。絶対にもう落ちると思ってました。

――やっぱりスパイがバレた瞬間のところが凄く興味深いんですけど、ナオさんがアイカさんを詰める感じ、それにアイカさんが「クロちゃんに言っちゃった」と答える感じ、あのときはどんな気持ちだったんですか？　合宿の時点では、みんなそこまでは仲のいい関係ではなかったと思うんですけど。

ナオ　うーん……。スパイされてるって気づいて、本当なら1対1でアイカに「なんでスパイしたの？」っていけばよかったんですけど、やっぱりうしろにクロちゃんがいるってわかったので、1対1でしゃべってもも み消されるんじゃないかという感じがしたんですよ。だから、とりあえずみんなに相談したんですよね。だから普通に観てたら、「ああ、コイツは性格の悪い女だな」って思われてもしょうがない状況なんですけど、あれは本当にしょうがなかったんです。

――そうするしかなかった。それでその夜、アイカさんはリビングで詰められるわけですけど。

アイカ　リビングに行った瞬間に、みんなの表情がめっちゃ暗くて、お葬式みたいにうつむいてたから「たぶんバレたな……」とは思ったんですよ。そうしたらやっぱりバレてて。で

もスパイを断らなかった自分が悪いじゃないですか？　だから「しょうがない」と思ったんですけど、でもやっぱクロちゃんが怖かったんです。

ナオ　うん。しょうがないよね、あれは。

アイカ　でも一応クロちゃんと約束したんで、「クロちゃんから指示されたということは言わないでおこう」と思ったんですけど、そうしたらクロちゃんが来て暴露したから、「えっ、めっちゃ裏切った！」と思って。

――あれも怖いですよね。目の前で。

アイカ　「えっ、なんでそっちが裏切るの⁉」みたいな。それで、あのときはウチも絶対に落ちると思ったんで……。

――でも、あそこでアイカさんの性格のよさみたいなものが出ましたよね。

ほかの3人　うんうん。

――スパイを断らなかった自分が悪いんだと思う部分と、クロちゃんとの約束を最後まで守ろうとしたところと。親御さんのしつけとかがよかったんですか？

アイカ　いや、そうなんですかね？（笑）。もともとウソをつくのも、ウソをつく人もあまり好きじゃないんですよ。

――そんな子にスパイをやらせるクロちゃん……。そこからオンエアでは残念ながらカットとなってしまったシーンに突入していくわけですけど。

（※そのシーンの振り返りも残念ながらカットします）

ナオ　だから、あそこがホントに特別に地獄でしたね（涙ぐむ）。

「『ASAYAN』みたいなオーディション番組を想像していたんですよ。そうしたらまさかのクロちゃん登場で（笑）」（ハナエ）

――そんな地獄をくぐり抜けて、こうしてメンバーに選ばれたいまはどんな気持ちでいますか？

ナオ　本当に「絶対に成功したいな」って思ってます。

ハナエ　出方が出方なので、ほかのアイドルとはまた違ったデビューの仕方だから、この時点では凄く盛り上がってるけど、ここから急激に落ちていっちゃったら怖いなと思うので、そのプレッシャーは凄く感じてますね。「でも、がんばらないと！」って。

ナオ　本当にいまががんばりどきだなって。私はこれまでWACKさんのオーディションを何回も受けていて、今回やっとこうしてWACKに入れたところまで来れたので。しかも私は仕事をしていて、今回の合宿も有給を使って挑んだんですよね。

――北海道のほうで病院に勤務していたんですよね。

ナオ　そうです。ずっと働きながらだったので、「これでがんばらないともう終わりだ。何がなんでも残ってやろう」っていう気持ちで挑んだんです。それで受かったからには本当に死ぬ気でやりたいなと思ってます。

ハナエ　私はもともとWACKの研究生で、その研究生の中で私が最年長だったんですよ。そこで自分よりも歳下の子がどんどん昇格していくプレッシャーっていうのが凄くあったから、「死にものぐるいで食らいつこう」と思って臨んだ合宿だったんです。だからもうやるしかないなと。

ミユキ　私はちっちゃいときは女優になりたくて、そっちのオーディションを色々と受けてたんですけど、1～2年前くらいからアイドルを仕事にしたいと思うようになったんですね。それでなんて言うんだろう……私は普通の人よりも落ちこぼれ人生なんですよ。不登校っていうのがちょくちょくあって。

――それはいつの話ですか？

ミユキ　全部なんですよ。小中でもあったし、いちばんヤバかったのは高校で。ちゃんと卒業はしたんですけど。それで、そういうことがあった私が唯一「がんばりたい」と思ったのが芸能界だから、私は人生すべてを懸けてやってるんで。このオーディションに受かったからにはもう「このグループで一生やっていきたい」って思ってるので、一発屋とかで終わらせたくないし、絶対に途中であきらめたくないんです。

――どうして不登校だったんですか？

ミユキ　えっと、小中は先生が嫌で行かなくなりましたね。そ

ミユキ
2000年11月8日生まれ、埼玉県出身。
小さい頃からピアノやバレエ、ダンスを習っていて表現することが大好き。かわいくてカッコよくてエモい歌を歌いたい、生きたダンスがしたい。唯一無二のアイドルとして本気で生きていきたい。

れと私って、誰かひとりめっちゃ仲のいい人がいないとダメな人間で、たぶんずっと人に頼って生きてきていたんですね。だけど高校生になったら、友達と離れ離れになるじゃないですか？学校に誰も知ってる人がいない状況でひとりになったときに、誰ともしゃべれないというか、いや、しゃべれるんだけど深入りすることができなくて、それで不登校になりましたね。

――でも、この4日間の合宿は大丈夫だったんですか？

ミユキ あっ、いちばん最初の東京のオーディションのときにこの人（アイカ）が話しかけてきたんですよ。そこからずっと一緒にいたから大丈夫だったんです。もし、話しかけてくれていなかったら私は沖縄なんて行けなかったです。

――じゃあ、ミユキさんにとってアイカさんは恩人ですね。

ミユキ 恩人ですよ。

アイカ 私はこれまでオーディションとかを受けたことがなかったんですけど、初めて受けて、なんで受かったのかわかってなくて……すいません（笑）。

――クロちゃんプロデュースということと、『水曜日のダウンタウン』の企画だったことを最初に知ったとき、何か思うところはありましたか？

ナオ いえ、最初はなんの番組の企画なのかも教えてくれないまま16人が集まって、そこにクロちゃんが来て「『水曜日のダウンタウン』です」って知らされたので、凄くびっくりしたんです。

――あっ、そこまで何も知らされてなかったんですか（笑）。

ハナエ 「テレビのオーディション番組があります」ってことぐらいしか伝えられてなくて、普通にモーニング娘。さんのオーディション番組（『ASAYAN』）みたいなのを想像していたんですよ（笑）。それで「がんばろう」と思ってたら、まさかのクロちゃん登場だったんで。

ナオ 「うわあ、この番組かー」って（笑）。

ミユキ 「普通じゃないな……」って思いましたね（笑）。

――クロちゃんサイドは企画への飲み込みが早かったと思うんですけど、こっちサイドはどうだったんですか？

ナオ いや、理解できないまま進んで行ったんで。みんな理解できてないよね？

ミユキ 最後までよくわかってなかったです（笑）。

ナオ 合宿が終わって、オンエアが始まったときにちょうど帰省していて、初回を親と一緒に観たんですよ。それでお母さんが「うわあ～！」って凄い悲鳴をあげて「クロちゃんはこんなことを思ってたんだね。あんた大丈夫なの？」って凄い心配されて……（笑）。

ハナエ
2000年12月28日生まれ、神奈川県出身。
WACKのアイドル研修生グループ「WAgg」として活動中、今回のオーディション合格で正式にアイドルとなる。研修生時代の経験を武器とし、最終目標は武道館ライブと『しゃべくり007』出演。

「クロちゃんのプロデュースの仕方自体は凄くいいなと思いましたけど、やっぱり人としては信用はできない」（ナオ）

――その初回のオンエアをクロちゃんは20回くらい観たらしいですよ。

ハナエ　なんで？　なんで？（笑）。

――ナオさんの泣く顔が見たくて仕掛けたら、本当に泣いたっていうことに超興奮したそうです（笑）。

ハナエ　ヤッバ〜！

ナオ　怖いですね……。

――いま、クロちゃんとのコミュニケーションはわりとあるんですか？

ハナエ　アー写撮影、レコーディング、あとPV撮影とかでちょくちょく会ってますね。そこでお話をしたり、みんなLINEを交換させられたり。

――させられた（笑）。それでLINEが来たりするんですか？

アイカ　たまに。

ナオ　先日、クロちゃんのお誕生日だったので、LINEで「おめでとうございます」「ありがとう」みたいなやりとりはしましたね。

ハナエ　でも、そんなプライベートな話とかはしてこないですね。

――意外とちゃんとしてると。

ハナエ　そうですね。アイドルとして見られてるのは感じますね。

――本誌が発売される頃には終わってるんですけど、これからCDが3パターンのジャケットで発売されて、もしかしたらクロちゃんのプロデューサー解任とか、罰ゲームもあるって状況なんですけど、現時点でどういう結果になってほしいかをひとりずつお聞きしたいんですが（笑）。

ナオ　やっぱりクロちゃんのプロデューサーとしての姿はいいなと思っていて。曲もいいし、衣装や髪型とかもクロちゃんが気にかけて決めてくれたし、プロデュースの仕方自体は凄くいいなと思うんですけど、やっぱり裏で見える顔だったり、何を考えてるのかわからなかったりするので、あまり信用はできないですね……（笑）。

――人として（笑）。

ナオ　人間性を考えたときに怖いなっていう部分があるので、視聴者さんに委ねるしかないんですけど……「解任してほしいな」っていう思いはあります（笑）。

――アハハハハ！　いいですねえ。さらに罰ゲームでもあると胸がスッとしますよね（笑）。

ナオ
1999年8月20日生まれ、北海道出身。
3歳からダンスを習っていて、物心がついたときにはアイドルになりたかった。歌って踊ることが大好きで負けず嫌い。自分にしかできない強くてロックフェスに出るようなアイドルになりたい。

ナオ　落ちた子たちの気持ちもあるので、それで少しは報われるんじゃないかなって思うんですけど。
ハナエ　クロちゃんが選んでくれたおかげでこのグループに入れたのは事実ですし、とても感謝はしていますけど、でもまあ、罰ゲームは見たいですよね（笑）。
——アハハハハ！
ナオ　でも、たしかにこのメンバーを選んだのはクロちゃんなので……。
ハナエ　言いにくいよね。
ナオ　言いにくい。ありがたいと思う気持ちもあるから。
——でも、それとこれとは別ですよね（笑）。
ハナエ　「視聴者さん、お願いします」みたいな気持ちはないと言ったらウソになるかなみたいな感じですね（笑）。
ミユキ　私も同じです。クロちゃんに選んでもらわなかったらアイドルになれていないわけだから、そこは感謝してるし、アイドルに詳しい情熱的なプロデューサーだし。でもオンエアを観て「最低な人間だな」と思ったので、そういう人間性というのはこれから先も絶対に出てくるから。それはちょっと怖いから、どちらかと言えば解任されてほしい（笑）。それと最後のカエデちゃんを落とした理由を知ったら、「もうこれは罰ゲームを受けるしかない！」って思います。

アイカ
1999年8月3日生まれ、愛知県出身。
夢の中でひいおばあちゃんから「東京でアイドルになりなさい」と言われたタイミングで今回のオーディションに開催されていることを知り、応募して見事合格。趣味はお菓子を食べること。

あれは最悪。私情で落としたので。

「WACKは普通のアイドル事務所ではないので、これから先、何があるかまだわからないんですけど（笑）」（ハナエ）

——たしかにそうですね。アイカさんはどうですか？
アイカ　……えっ？
ハナエ　寝てたあ？（笑）。
アイカ　いえ、聞いてました（笑）。ウチもみんなと一緒で、選んでもらったことへの感謝はあるんですよ。だけどウチはスパイとかで道具扱いされたから、そこにはちょっと「このー！」って感じはあって。また、あのいきなり豹変する顔を見たくないんですよ。だからCDは全部売れてほしいんですけど、やっぱりいちばん売れてほしいのは「解任&罰ゲーム」のやつですよね。
——3枚ともいっぱい売れて、僅差で解任&罰バージョンがいちばん売れたってのが理想ですかね（笑）。
ナオ　それならそこまで罪悪感はなくていいかもしれない（笑）。本当になんか、今回いちばんかわいそうだったのはカエデちゃんだと思うし。
ハナエ　収録で、カエデちゃんにちょっと会ったんですよ。そんな「自分の彼女にしたい」って気持ちで落とすなんてひどいですよね。

ナオ　カエデちゃんはクロちゃんの彼女になりたいと思って来ていたわけじゃなくて、アイドルになりたいと思って来ていたのに、そんな理由で落とされるのは誰にも納得できないと思う……（涙ぐむ）。

ハナエ　意味わかんないよね。

アイカ　ちょっと理不尽……。

——ちなみに、このお年頃のみなさんが普段、理不尽に感じることってなんですか？

ナオ　私は「見た目で判断される」ことかな？　友達とか知らない人とかからもよく目とか顔つきがキツイって言われるんですよね。「だから性格もキツイでしょ」って。そんな何も知らないのに。見た目で性格まで判断されるのはちょっと。

アイカ　えっ、それはウチも名前で言われる。アイカっていう名前だから「最後に〃カ〃がある人ってだいたい性格が強いんだよね」って。

ほかの３人　ええ〜っ？

——それは誰が言うんですか（笑）。

アイカ　えっ、けっこういろんな人から言われますよ。「おまえは〃カ〃があるから性格がそんなんなんだよ」みたいな。

——初めて聞きましたよ。「長州力」の印象が強いのかな……（笑）。

ミユキ　私はなんだろう？　とにかくすべてうまくいったことがないからわかんないです（笑）。

ハナエ　私はすでに活動してたので、ファンの方からよく「名前に〃ハナ〃があるくせに華がない」みたいなことを言われたりしますね。でもそれは違うんですよ、顔がただただちょっとイモっぽいってだけなんですよ（笑）。

——イモっぽいだけで華はあるぞと（笑）。

ハナエ　そういうわけでもないですけど（笑）。「こっちもがんばってるのになあ」っていう。

——決めつけはよくないですよね。でもアイドルとして活動していく以上、これからもいろいろと大変なことがあると思うんですけど。

ナオ　うまくやれたらいいですよね。やっぱり最後は自分たち次第かなって思うので。

ハナエ　でも事務所がＷＡＣＫという普通のアイドル事務所ではないので、これから先、何があるかまだわからないんですけど（笑）。

ナオ　でもまあ、あの合宿よりひどいことはないかなって（笑）。

——それではみなさん、がんばってください。今日はありがとうございました。

４人　はい。がんばります！

ハナエ　ああ、怖かった。テーブルの上にずっと紙とペンが置いてあったから、また何か書かされるのかと思ってた……。

MONSTER IDOL

モンスターを世に放った当事者たち

鬼才が2人集まれば勝手に賛否両論が巻き起こり、
そしてクロちゃんは勝手に女の子を好きになる。

「『MONSTER HOUSE』ラストの行き場を失った無軌道な熱。そのゴールを作りたかった」

藤井健太郎

［TBSプロデューサー／演出家］

×

渡辺淳之介

［株式会社WACK／音楽プロデューサー］

「藤井さんには言わなかったんですけど、もしもガチガチに台本があったらすげえ嫌だなと思ってた」

撮影：橋詰大地
聞き手：井上崇宏

NEGLECT ADULT PATIENTS
NIKE AIR

「アイドルオーディションと恋愛をミックスする企画を思いついたあとに『クロちゃんだ』ってなって。どうせ好きになるから」（藤井）

――本日は「はたして『MONSTER IDOL』とはなんだったのか？」をテーマに、まだ最終回を迎えてもいないのに、世界最速で語っていただけたらと思います（笑）。

藤井　まだ生放送も残ってますからね。

渡辺　番組でクロちゃんがしゃべってるのを観ていると、だんだんちょっとずつ自分に見えてくるんですよね（笑）。しゃべり方も似てるような気がして。

藤井　たしかにやり口には大差ない感じもしますけど、同じことを言っててもあの人は見た目が悪いから印象も悪いっていう。

――今回の企画が立ち上がったきっかけはなんだったんですか？

藤井　けっこう前なんですけど、春ぐらいにボクから「こんなのを思いつきました」って連絡をして。渡辺さんとは「一緒に仕事したいですね」っていう話はずっとしていて、具体的にいくつか考えていたこともあったんですね。その中で「アイドルオーディションと恋愛をミックスする」みたいな企画もあって、おもしろそうではあったけど、登場人物が素人だけだとなかなか難しい部分もあって。それで躊躇していたところもあったんですけど、去年『MONSTER HOUSE』をやって、最後にとしまえんに人が殺到するみたいな、行き場を失った無軌道な熱を生んだじゃないですか（笑）。

――問題になってましたね（笑）。

藤井　結果的にああいうよくない方向に流れてしまった熱を注げるゴールが作れないかと思っていたことからいろいろと結びついて、「クロちゃん×アイドルオーディションだ！」と。

――クロちゃんを放り込むことで自ずと恋愛も入ってきますからね。

藤井　そうなんですよ。どうせすぐ好きになっちゃうので。

――どうせ好きになる！（笑）。

藤井　そこは頼まなくても勝手にやってくれるところだから、クロちゃんというキャラクター、恋愛、アイドル誕生といういろんなパーツがハマって、「これはいけるぞ」って動き出した感じですね。

――渡辺さんはもともと合宿オーディションみたいな形態は得意ですよね。

渡辺　そうですね。それをたぶん藤井さんにも見ていただいていたから構想としてあったのかなと思うんですけど、ボクからはただただ一緒に何かできたらいいなと思っていたので「とうとうきたか」と。夜中の23時くらいに藤井さんからいきなり電話がかかってきて、飲みの誘いかなと思ってたら「こういう企画をやるからちょっと手伝って」「あー、全然やります」って感じでしたね。でも、この盛り上がり方というか批判のされ方を見ていると、大手事務所と組まなくてよかったですよ（笑）。

藤井　大手だったらそもそも受けてくれない可能性もあるし、事務所の制約でやれないことが多くなるのは嫌だったんで。だから極力制約のないところ、かつ、もともと普通に知り合いで話が通りやすいっていうのもありつつ、たまたま今年後半はBiSHが盛り上がったことで、いい感じでつながったかなっていう気もするんですよ。

渡辺　本当にたまたまで、アイナ・ジ・エンドが出てくることの意味がいい感じに出てきたりとかは、ロケをしていた頃は想像してなかったですからね。アイナの登場は「事務所的にはそうだよね」くらいの感じだったのが、下半期の盛り上がりによって意味合いがちょっと変わってきたし、説得力が出ましたよね。

――渡辺さんは番組の企画に乗っかるというか参加する側ですけど、通しでやってみてどうでした?

渡辺　いやもう、単純に楽しかったっスね。テレビ番組にがっつり関わるというのが初めての経験だったので、何もかもが新鮮というか。「ああ、こんなふうにするんだ」とか「こんなに考えるんだ」と。ADさんとか本当にすげえなと思ったんですけど、「これを用意しろ」って言われたものがだいたい用意できるし、なんでもできる集団という意味ではテレビ局のADさんがいちばん凄いんじゃないかって思いましたね。ウチのスタッフにほしいですよ(笑)。

――事前準備で、たとえばクロちゃんが自ずと恋をしてしまう

ようなムード作りとかも技術としてあったりするもんなんですか？（笑）。

藤井　沖縄に行く前の初回は完全にフリー状態でやってもらって、そこで「好きな子が2人いる」っていう状況がわかったわけなんですけど、好かれていたそのナオとカエデのインタビューを撮ったら、ナオは裏でクロちゃんのことをけっこう悪く言うけど、カエデは全然言わないってこともわかったので。その対比はその後の軸になりそうだし、うまく誘導すればおもしろい展開が作れそうだなとは思いましたね。あとはクロちゃんが「恋愛もしたいけど、恋愛とアイドルは分けてます」って当初から言ってたんですけど、それを言っちゃうと女の子たちが勘違いをしなくなるから、「それは女の子たちの前で言うのやめましょうか～」みたいなことは本人に言いましたかね。

「藤井さんが予測して言っていた通りにクロちゃんが動いていったのはすげえなって思いました」（渡辺）

――「勘違いをするな」じゃなくて「勘違いをしろ」と（笑）。

藤井　それでなんとなくの道筋が見えたというか。それは「クロちゃんに女性として好かれないと残してもらえない」と勘違いした女の子たちが、クロちゃんに取り入ったり、好きになろうと思ったりする。でも、じつは本人の思いはちょっと違っていて、そのへんの差が悲劇を生むっていう。

渡辺　単純にボクが事前に感じていたのは、『ガチンコ・ファイトクラブ』みたいにめっちゃ台本が全部あるみたいな、あの感覚がもしかしたらあるのかなって思ってたんですよね。

藤井　まあ、ガチンコに全部台本があるのかどうかボクは知らないですけど（笑）。

——でも、それは現場に飛び込んでみないとわからないですよね。

渡辺　だから藤井さんには言わなかったんですけど、「ガチガチに台本があったらすげえ嫌だな」と思ってたんですよ。だけど全然ないから。それと藤井さんもクロちゃんのことはよく知ってるから、クロちゃんがどういうふうに進んでいくかっていう予測はだいたいつくにせよ、ほぼほぼ藤井さんが予測して言っていたようなことが普通にサラっと起きてくるから驚きましたよ（笑）。

藤井　「やっぱこうなったね」みたいな（笑）。

渡辺　最初の大筋の段階での「こんな感じになるかな」みたいなことはもちろんクロちゃん本人には言っていないのに、本当にその通りになっていったのはすげえなって思いましたね。シナリオよりもシナリオっぽいというか。

藤井　セリフが書いてあるような台本はもちろんないですし、「こうしゃべってくれ」とかもべつに言わないんですけど、「そっちにいってみましょうか」みたいに、暗に仕向けてはいて。「あっちがぬかるんでるから、たぶん歩かせたら転ぶんじゃない？」って感じで「ちょっと向こうのほうに歩いてみます？」みたいな誘導はしますよね。で、「思った以上に派手に転んだな」みたいな。「あれ？　起き上がってこないけど怪我しちゃったかな？」っていう（笑）。

——アハハハ。やっぱり、どうしても「あれはヤラセだろ」っていう声はあるわけじゃないですか。そこに対して、藤井さんの否定も肯定もしないというスタンスが好きなんですよね。

藤井　まあ、ヤラセの明確な線引きなんてないし、観てる人によってそのラインもそれぞれ違うと思うので、語ることに意味がないというか。それに具体的にどう作ってるかなんて想像しても絶対にわからないですからね。ただ、クロちゃんは本当に芝居が下手ですから。それだけは間違いないです（笑）。

——演出をしていくなかで誤算の部分ってありました？

藤井　おおよそはこっちの思った通りに事が運んでいるんですけど、やっぱり女の子たちが予想以上によかったですね。クロちゃんがどう立ち回るかとか、どのくらいの感じでやってくるかっていうのはこっちもわかってるし、それである種、毎回期待を超えてくることもわかってたんで。まあ、それでも思った以上におもしれえなってことが今回もいっぱいありましたけど（笑）。ただ、女の子たちがみんな思った以上に感情を揺さぶられてましたよね。もちろんそういう状況にはなってるんですけど、そこでこっちが思っている以上に揺さぶられたり、振り回されたりしてくれたのはよかったと思います。

――いい意味での誤算ですね。

渡辺　たしかに藤井さんの最初の不安要素として、「素人の女の子たちがどれだけがんばれるか」というところをいちばん心配されていたんですけど、彼女たちが思った以上に必死だったというか、もちろん必死で当然なんですけど、相当必死だったなみたいな。それはクロちゃんが本当にいいスパイスとなっていて、「こんなヤツにこんな感じにされてるんだから、絶対にメンバーにならなきゃしょうがねぇよ」みたいな必死さを生んだというか（笑）。けっこう最後まで誰もあきらめていなかった感じがしたので、そこは本当に女の子たちがよかったですよね。

――通常のアイドルオーディションでも、現場に凄まじい必死さというのはあるわけですか？

渡辺　これは本当に言っちゃったら終わりじゃんみたいな話なんですけど、言っても女の子側はラクをしようとしてるじゃないですか（笑）。一発逆転でテレビに出て「私たちは有名になって、ここからシンデレラストーリーが始まる！」みたいな。1週間程度我慢すればいいだけで「そこで必死になれなくてどうするの」っていうところはあるんですけど、やっぱり今回はより一層の悲壮感があったというか。精神的にボクが普段やっている合宿とかよりはつらくはないかなと予測していたんですけど、より一層つらそうにしていましたね。それはカメラが回ってるという状況とか、『水曜日のダウンタウン』だというプレッシャーみたいな部分が相まったことで、あれだけ現場がピリついたんだと思いますね。まだデビューもしていないのに地上波に出られている、人からけっこう見られているというよくわからない感じが、自分たちの知ってるものとは違ったというか。

――そして問題のカットシーンですよね。アイカちゃんのスパイ活動がほかの女の子たちにバレたあとのシーンで「クロちゃんの行き過ぎた言動があったため一部シーンをカットしてお送りします」というテロップが流れて。オンエア後に藤井さんも「第2話以降、一度もベストな状態でオンエアに至れておりません」とツイートしてましたけど。

藤井　まあ、苦情を受けての会社としての対応なんですけど、1回目のオンエアのときにまあまあの数の苦情が来たんですよね。それはボクらも想像していなかったというか、正直、何が悪いのかわからなかったので。

――とぼけてるわけじゃなくて本気でわからなかったと。ボクにもわかんないです。

藤井　おもな苦情は、要するに「セクハラ、パワハラである」みたいなことだったんですけど、それはもし仮にそうだったとしてもテレビですから。「ドラマで殺人シーンを見て不快だ」って言うのにかなり近いというか。でも、そういうことがあったので「ここを切れ、あそこを切れ」みたいな上からの指導が入り、そうして少しずつ柔らかくしていったんですよね。それで4回目の例のカットしたシーンは「刺激が強すぎる」ということでブロックで落としたって感じですね。ただ、最後まで観てもらえればよくわかるんですけど、セクハラやパワハラ的なものが肯定されるストーリーではないし、結果それがよくないものとして描かれているわけなので、そこは残念でしたよね。

「刺激が弱くて安全なものばかりの世の中になったとき、はたして本当に楽しいのか？」（藤井）

――最後に悪は退治されるっていう、絵本になってもいいくらいのお話なんですけどね。

藤井　個人的にはバチが当たらずに終わるバッドエンドでも全然いいし、なんならそっちのほうが好きなんですけど、まあテレビなので。でも普通に考えたら「どうせあの人に最後バチが当たる」ってわかるじゃないですか。だから難しいですよね。もちろんあきらかに逸脱しているものはダメだし、ボクらも最初から「合格させてあげるからキスしてくれとかはダメだよね。それは違うよね」っていう超えちゃいけないラインというのは確認して進めてますからね。それに、セクハラ的なことは最低限気にしなきゃいけないのもわかるけど、オーディションがパワハラだって言われるとなかなか……。もちろん観ていておもしろいと思う人よりも不快に思う人のほうが数的に上回っちゃったら話は全然別ですけど、楽しみにしてくれている人のほうがたぶん多いわけじゃないですか。そうしたら深くのめり込んで観てくれるものを作るべきだと思ってるし、「刺激が弱くても苦情が来なければいいのか？　刺激が強いものはもうテレビでは出しちゃいけないのか？」っていう議論になってくるというか。

渡辺　どうしてもあそこのシーンを観せたかったたっていうのは、ボクの中でも悔しい思いとしてあって。逆に視聴者からの「女の子がかわいそうだ。中止すべきだ」って意見で、もしコーナーが打ち切りみたいなことになったらいちばん損をするのは彼女たちなので、それは視聴者から女の子たちへのある種の盛大なパワハラになるというパラドックスになってくると思うんで。「変な社会になっちゃったな」っていう気はしてるんですけどね。

藤井　刺激が弱くて安全なものばかりの世の中になったとき、「じゃあ、本当に楽しいのか？」っていう気はしますよね。もちろん人種差別だったり性差別だったり、なくさなきゃいけないものもあるし、そこのラインは自分なりにわかっているつもりなんですけど、「観ていて不快だ」というのは別の話だと思うんですよ。たとえば当事者である女の子たちが嫌がって、「放送してほしくない」と言ってきたんだったら話は変わってきますけどね。

――不快なら「観ない権利」というのを主張すればいいだけだと思うんですけどね。

藤井　あのシーンがたぶん合宿中でいちばんおもしろいシーンだったから、ボクらは現場で見ていて「うわー、きた！」と思ったし。地獄のような空気でしたけど、「これはいいものが撮れたな」っていう感じでいたんですよね。

渡辺　正直、ボクはあの現場の張り詰めた空気が大好きだったので、「一生終わらないでくれ！」って思いましたからね（笑）。

藤井　それに、じつはクロちゃんがちょっと正論なのがよくて。「そもそも裏でウソをついてたおまえらが悪いんじゃねえか」とか、その後のカットした展開でも意外と理論的にはそれほど間違ってはいない。やっぱりその言い方が悪かったり、人相が悪いってだけで、そんなにめちゃくちゃなことを言ってるわけでもないんですよね。

渡辺　あれはクロちゃんが損してますよね。ナオとかは確実に悪いですからね。「おまえ、陰で相当ボロクソ言ってたぞ」みたいな（笑）。

藤井　ただ、クロちゃんも「あそこのカットしたシーンを出してほしい」って言ってたのがやっぱいいなと思って。「あれを観てほしいっていう気持ちがあるんだ」って（笑）。そのへんのメンタルの感じがわかんない。

渡辺　ボクのところにもオンエア後にクロちゃんからＬＩＮＥが来て、「カットとかなんなのー！」って（笑）。クロちゃん自体は本当に全部をさらけ出して見せたいみたいな人ではあるんですよね。

藤井　あんなヒールっていまの世の中にいないですよね。それである種の人気者にもなってるし、あんな嫌われ人気の人ってほかにいるのかな？　最初にナオを選ばずに泣かせるみたいな作戦も、最初の仕掛けは企画を知った直後ですからね。あの人、そのへんの適応力の高さとか、そういう飲み込みの早さは凄いんですよね。朝、いきなり目隠しをされて連れて来られて、夕方にはもうすっかり「今日みなさんに集まってもらったのは～」みたいなこと言ってて、「おまえ、今朝知ったばっかだろ！」って（笑）。

――あと、本人が大真面目にやろうとすればするほどおもしろいっていうのは才能ですよね。

藤井　自家発電するタイプではないから、どこに出してもおもしろいわけではないので、環境とかゼロから立ち上げられるわけでもないし。ゼロからあの人の動きやすいフィールドをちゃんと作って、そこに放り込んであげて初めてパフォーマンスを発揮するタイプなんで。それに、ああいう人だから自分からヤリにいく瞬間も少なくて、ボクらが撮ってるなかで「こうしたら笑ってくれるはず」と思って本人発でやることってほとんどないですからね。でも、まともなところと変なところのバランスが不思議な人ですよね。

藤井健太郎（ふじい・けんたろう）
1980年4月16日生まれ、東京都練馬区出身。TBSプロデューサー／演出家。
立教大学卒業後の2003年にTBSに入社。入社1年目に社内に出した企画が通り、2年目にして特番『限度ヲ知レ』のプロデューサーと総合演出、アシスタントディレクターを兼務。翌年バラエティに異動し、『リンカーン』や『ひみつの嵐ちゃん！』などの人気番組のディレクターを経て、『クイズ☆タレント名鑑』『テベ・コンヒーロ』などを演出・プロデュース。現在は『水曜日のダウンタウン』の演出を務めている。

接していてもべつに悪い感じのする人じゃないし。

渡辺　普通の人っていうか、いい人ですよね。

藤井　人当たりがよくて、コミュニケーション能力も高くて、明るいから、嫌な感じはあまりないですよね。ただ変な人ではあるという。足りていない部分がある一方で特徴はあるし、おもしろい部分がたくさんあるわけだから、こっちはそこをおもしろがってプラスに変えていくだけって感じですよね。

渡辺　そこで言うとクロちゃんもけっこうアイドル的というか、基本的には今回はクロちゃんが書いてますけど、作詞をしてもらって、作曲をしてもらって、ステージを用意してもらってというのがアイドルなので、クロちゃんもある種のお膳立てをされてやってるっていう意味で言うとアイドルっぽいところがあるかもしれないですね。だからアイドルが好きなんですかね？

藤井　もともとアイドルになりたかった人だしね。

渡辺　ボクはけっこうクロちゃん肯定派で、歌詞はちょっと変な部分もいろいろとあるかなと思ったんですけど、逆にところどころに光るものがあったんですよ。いきなり「織姫と彦星」なんて普通は使わないからおもしろいっていう部分とか、豆柴の大群というネーミングにしてもそうで、クロちゃんは本当にいいと思って選んでるんですけど、ももいろクローバーとかゲスの極み乙女。みたいなグループ名も売れることによってだんだんとカッコよくなるみたいな感じになりそうな予感のする名前ですよね。そこで逆にいきなりちょっとカッコいい名前で刺激がないっていうよりも全然いいし、たぶんこれから「豆柴」って言葉がTシャツに入っていても「なんかオシャレだよね」ってなる可能性は秘めてると思いますね。でも、ボクはやっぱり「七色の紅の扉」（「七色の虹の扉」をクロちゃんが誤字った名前）がよかったですけどね（笑）。

「みんながそれぞれ進みたい道をただ進んでいるだけなのに、それを邪魔する人が最近は本当に多い」（渡辺）

――やっぱアイドル好きのキャリアは伊達じゃないっていう。

藤井　歌詞を書くのも早いんですよ。合宿自体はけっこうなハードスケジュールだったんですけど、深夜に撮影が終わって「じゃあクロちゃん、朝までに作詞お願いしますね」みたいな（笑）。それでめちゃめちゃ書いてましたからね。

――創作に迷いがないですよね。

渡辺淳之介（わたなべ・じゅんのすけ）
1984年10月23日生まれ、東京都多摩市出身。株式会社WACK代表取締役。
高校を2年で中退し、大学入学資格検定を取得して早稲田大学に現役で入学。卒業後、つばさレコーズに入社してA&RとしてBiSやthis is not a businessなどの活動に携わる。2014年、株式会社WACKを設立して、音楽プロデュース、マネージメント、宣伝まで幅広く活動。BiS、BiSH、GANG PARADE、EMPiREなどをプロデュースし、アパレルブランド『NEGLEST ADULT PATiENTS』も立ち上げている。

藤井　散文詩すぎるところはあるけど、パーツでいいところはありますよね。「スキップしながら唾かけて」とかあんなの普通にちょっとおもしれえなって思うし。悪くないフレーズですけど、何を言ってるのかよくわかんないっていう（笑）。でもオリジナリティがあるってことはいいことですよね。

――接していて、藤井さんもだいぶ飛んでるけど、大人としてまっとうな部分も凄くあると思っているんですけど、渡辺さんのほうはまだちょっと足りないところがあるでしょ？（笑）。

渡辺　あっ、ボクですか？

――「高いところから飛び降りた～い！」みたいなマインドがずっとありますよね？

渡辺　そうですね。基本的には社会にずっと不満を持って生きてきたんで（笑）。アナーキーというか反抗心じゃないですけど、みんながそれぞれ進みたい道をただ進んでいるだけなのに、それを邪魔する人が最近は本当に多いなっていうのをめちゃめちゃ感じるっていうか、実際に止められるっていうか。なんでブサイクなヤツに「ブス」って言っちゃいけないのかなとか、そういう感覚があるんですよね。そういう「ブス」なんてのも〝冗談っぽく〟だったり、言い方ってあるじゃないですか？　それが文字面になっちゃうと大変なのかなと思っていて、今回のクロちゃんとか『MONSTER IDOL』に関するニュースとかも見ていると、文字面で「打ち切りか？」「クロちゃん、セクハラ、パワハラの嵐！」ってなってたりして、テレビで観てるよりもより一層の強い言葉になっちゃってるなみたいな。自分では大人になったと思っていたんですけど、そういうところのフラストレーションが、より一層我慢できなくなっちゃってて（笑）。

藤井　アハハハハ。

渡辺　ボクも昔よりは好きなことができるようになっていて、「俺もやっと大人になって、とうとう藤井さんと『水曜日のダウンタウン』で一緒にコーナーを作らせてもらったりするまでになったか」と思ってたんですけど、余計にわがままになっているというか、足枷に感じるんですかね？

――それは自分が好きなことをやってるっていう意識があるぶん、そうなりますよね。じつはやりたくない仕事をやっていた頃のほうがストレスがないですもんね。こだわりもないから、割り切って時間の切り売りができるので。

渡辺　たしかにそれはそうかもしれないですね。でも昔から批判も好きなんですよ（笑）。浜崎あゆみとかもめちゃめちゃアンチがいて、めちゃめちゃ好きな人がいるじゃないですか。そうならないとおもしろくないんだろうなっていうのをちっちゃい頃から凄く感じていて、好きな人がいっぱいいるということは嫌いな人もいっぱいいるというのは無情というか。逆に批判がなくて称賛だけされまくったりしても不安になって、「迎合しちゃったかな？」みたいな感じがするというか。なんか天の邪鬼ですけどね。

藤井　たしかに批判が少なすぎるとちょっとよくない気もしますね。それは単純に好みとかじゃなくて、理屈で言ってもドンピシャで称賛しかないようなものって拡大していかない感じがする。

――藤井さんは地上波というリングで闘っているので大奮闘ですよね。

藤井　ボクは本当は目立つつもりがなかったというか、真ん中に行く予定がなかったんですよね。自分ではもうちょっと裏の役割だと思っていて、テレビバラエティの中でメインを行くはずではなかった。明るくてキラキラした番組がある中で裏の側道を行くつもりだったのに、わりとメインっぽい扱い方をされると「うーん……。こっちはそのつもりがないんだけどなあ」みたいな。

渡辺　でも今回、本当にびっくりしたのは「リアルタイムで観ている人がこんなにいるんだ」って。ボクの肌感以上にみんながリアルタイムで観ていて、たぶん22時っていうのがいまの若い子たちにとっては本当のゴールデンタイムというか、昔の19時の感覚ではないんだろうなって。あとキャバ嬢からめっちゃ連絡が来ましたね（笑）。

藤井　「観たよ～！」って（笑）。

渡辺　「出てるじゃん！」とかって言われて（笑）。

――渡辺さんってめっちゃテレビ映りがいいですよね。ちょうどいいやさぐれ感というか、「おー、カッコいいのが出てきた」

と思って（笑）。

藤井　それっぽい感じで（笑）。変な素人が出てきたなってていう感じはないですよね。

渡辺　あっ、本当ですか？　それはよかった。

「ウチの所属の育成枠のハナエが合格しちゃいましたけど、ボクが強引にねじ込んだってことは絶対にないですから（笑）」（渡辺）

――しかし、これはいいタッグですね（笑）。

渡辺　ボクは藤井さんの飲み仲間というか、一緒にご飯を食べさせてもらって楽しいなって感じだったんですけど、それがこうして一緒にロケとかに行って作品を作ってからより一層関係が深まった感じがするというか、やっぱ仕事をしねえとダメだなって（笑）。

藤井　わりと感覚とかおもしろがるところが似てるというか、お互いに意外と社会人としてはまともなところもありつつみたいなね。

渡辺　テレビの方たちって海千山千というか、「組んだらバクっていかれるんじゃねえか？」みたいな人たちっていますけど、藤井さんにはボクと同じ匂いを感じるというか、勝手にシンパシーを抱いていたので、基本的にボクからは何も言ってないんですよ。「いや、それはこうしたほうがよくないですか？」って思うことがほぼなかったですし、「じゃあ、こうすればいいっスね」みたいな感じで動けたのがすげえラクでしたね。あとは勝手に楽しんじゃってましたね。

――この人なら預けちゃっても大丈夫っていう。

渡辺　あと今回、最終的にウチの所属の育成枠の子が合格しちゃってるんですけど、それはボクが強引にねじ込んだってことは絶対にないということだけは、誌面を借りてお伝えさせていただけたら（笑）。

――ハナエちゃんですね。

藤井　そういうことは本当にないからね。チョイスは100%クロちゃんなので。ボクと渡辺さんが最初にいいなと思っていた子とかもバンバン落とされていったし、ハナエに関しても最初の感じだとクロちゃんもそんなにハマっていなかったのですぐに落ちるんだろうなと思ってたら、意外とクロちゃんが本人と接していくうちに「あの子はいいですねえ」って変わっていった感じなので。

渡辺　まあ、もし育成枠の子が合格したら絶対に言われることは想定内だったんですけど、それによって番組自体がおもしろくないってなるのが嫌だなと思っていて。もちろんボクも心の中では彼女に合宿に残ってほしかったし、できることならデビューしてほしかったんですけどね。

藤井　でも、それは本人のことを知っていて、多少は情があったりかわいがったりしているからそう思うってだけで、事務所

的にデビューさせることのメリットがそこまであるわけじゃないじゃないですか？　それで会社が儲かるとか、ほかの子の場合と比べて何かメリットがあるというわけではないですからね。

渡辺　まあ、そうですね。とにかくガチで残っていかないと彼女自身にもよくないって思ってたんで。でも、まさか最後まで残るとはボクも本当にビックリしましたよ。オンエア上ではほぼ映ってないですからね（笑）。

――まあ、そこをヤラセだとか仕込みだって言う人には「クロちゃんをナメるなよ」と言いたいですね（笑）。

藤井　たしかに。クロちゃんをナメちゃいけない（笑）。

――余談ですけど、クロちゃんがカエデちゃんに告白するとき、渡辺さんは現場にいらっしゃったんですか？

渡辺　いや、あそこはいないんですよ。

――あれをライブで見たくないですか？（笑）。

渡辺　めちゃめちゃ見たかったんですよ（笑）。

藤井　あのフラれ漫談、素材はめちゃくちゃ長いですからね。

――フラれ漫談！（笑）。あれもノーカットで観たいなあ。

渡辺　あのシーンはオーディションよりもおもしろかったですよ。ボク的には#1からのいろんなシーンが走馬灯のように蘇ってきながら、最後のクロちゃんのあのフラれ漫談を聞いてたらちょっと感動しちゃって。「うわあ、最後こうなるんだあ……」みたいな（笑）。

きむコロ列伝!!

第97回　2019年10月の日記

バッファロー吾郎A

日記を書き始めて丸4年。といっても毎日は書いておらず、スマホの日記アプリにその日の事柄や思いついたネタを簡潔にメモしている程度。今回は2019年10月の日記をココに掲載したい。メモ程度なので見直してみて「これはなんだ?」というモノもあるので補足説明的なモノも入れてみた。アラフィフおやじの日記など誰も興味がないと思うが、暇つぶしにご覧いただきたい。

●10月3日　78・9キロ
『ザ・問答4』
【出演】ザ・ギース高佐、根菜キャバレー、麒麟田村、R藤本、スパイク、やさしいズ佐伯、アイデンティティ田島、バ吾A
@無限大ドームI

禅問答をヒントに私が立ち上げた新たなライブの第5回。おかげさまで満員札止め。私の中ではこの『ザ・問答』がお笑いの総合格闘技。日付の下の数字はその日の朝に計った体重である。

●10月5日　78・5キロ
『コントをやったばかりに』
【出演】バ吾A、や団本間キッド、吉住、本田兄妹、しずる村上
@座・高円寺2

文筆家せきしろ氏の書き下ろしコントライブ。あやのが稽古中に天コジポリスTシャツを着ていたのが印象的だった。たった1回公演なのがもったいない。

●10月6日　78・3キロ
2020年2月に放送されるドラマロケで福井県へ

福井県は焼き鯖寿司が有名だが、お寿司屋さんとは関係ない会社が、地元の祭りの出店でアイデア料理として出したことが始まりらしい。

●10月8日　78・9キロ

『ぷちぷちシソンヌ』のロケ
【出演】シソンヌ、バ吾A
広島の隠れた名物『ウニクレソン』を東京でいただく。なぜ全国区にならないのか不思議なくらいうまかった。

●10月10日　78・6キロ
NHKのBSの番組収録
【出演】小堺一機、ずん飯尾、バ吾A
初小堺さん。缶コーヒーを買いに行こうと楽屋を出た瞬間に飯尾さんがやってきて、缶コーヒーの差し入れをいただいた。女だったらホレていた。

●10月12日　78・9キロ
大型台風のため家でカミさんとおとなしくしていた。

●10月15日　78・6キロ
『ギャグラリー24』
【出演】ずん、ハリウッドザコシショウ、野性爆弾くっきー!、庄司智春、佐久間一行、しずる、もう中学生、アイアム野田、オジンオズボーン篠宮、や団本間キッド、錦鯉長谷川、ザブングル加藤、ザ・ギース高佐、ガリットチュウ熊谷、R藤本、バ吾A
しりとりルールで即興ギャグを披露しなければならないストイックなライブ。今回はヘビー級とミドル級のダブルタイトルマッチと加藤の復帰戦。どの試合も見応えがあっておもしろかった。

●10月14日　79・2キロ
ルミネコメディ木村祐一班の新作初日

●10月16日　78・9キロ
イワイガワジョニ男さん&永野くんと歌舞伎町でロケ。

2時間ほど歌舞伎町の居酒屋さんでお酒を飲みながらトークするという、仕事なのか遊びなのかわからない素晴らしい番組に呼んでもらって幸せだった。

●10月25日　78・5キロ
下北沢でお芝居『寿歌』を鑑賞。

大ファンの江口のりこさんが出ているので、江口さんに頼んでチケットを取ってもらった。あいかわらず上手い江口さん。お芝居もおもしろかった。

●10月27日　79・3キロ
ドラマ『ニッポンノワール』撮影。
【出演】賀来賢人、広末涼子、井浦新、夏帆、工藤阿須加、北村一輝、ほか
役はキーマンとなる子ども、碓氷克喜君の通う小学校の担任で、名前は佐久間現。このドラマの舞台がドラマ『3年A組』の魁皇高校立てこもり事件から半年後の設定というのがおもしろい。毎週楽しく観ていたドラマだったので出演できて嬉しく、現場も楽しかった。

●10月30日　79・5キロ
友近とゆりやんが主催するライブ『ブルーズシスターズ』の稽古
シソンヌじろうと4人で10割アドリブで新ネタを作った

姉さん、ボクの2019年10月はこんな感じでした。

noteにて『裏バ吾A』という定期購読マガジンをやってます。

バッファロー吾郎A／本名・木村明浩（きむら・あきひろ）
1970年11月24日生まれ／お笑いコンビ『バッファロー吾郎』のツッコミ担当／2008年キングオブコント優勝

鈴木みのるのふたり言

第78回

『ギラギラ幸福論～白の章～』発売中！

構成：堀江ガンツ

―さて、鈴木さん。新年早々、素晴らしいニュースです！

鈴木　おっ、なんだ。

―この『鈴木みのるのふたり言』の書籍化が大決定いたしました！（拍手）。

鈴木　いいね～。で、発売日は？

―じつは、これが出る頃にはもう発売されています（笑）。

鈴木　もうしてんのかよ！　この話、前号でやれよって話じゃん（笑）。

―なかなか未決定な部分があったのが、ここに来て急にバタバタと決まって……。

鈴木　何をモゴモゴ言ってごまかしてんだよ！（笑）。

―とにかく『ギラギラ幸福論～白の章～』というタイトルで、徳間書店より発売中です。全国書店でお買い求めください。なお、パイルドライバーで購入すると、鈴木さんがサインをお入れいたします。

鈴木　何を勝手に決めてんだよ！（笑）。まあ、するけどね。この連載ってもう何年やってる？

―もう5年はやってますよね、きっと。

鈴木　「きっと」って何？　アンタが担当してる連載でしょ！（笑）。

―まあ、6年ぐらいやってるかもしれないです（※実際は6年半）。

鈴木　数年前に一度、『プロレスで〈自由〉になる方法』ってタイトルで出して、今回は書籍化としては第2弾ってことだけど、すべてを一新して出そうというね。

―それにしても6年くらい毎月これを収録してるって、何気に凄いですよね。

鈴木　俺はただくっちゃべってるだけなんだけどね。とりあえずマニア心をくすぐるような話を『KAMINOGE』なんかを読んでる、どマニアな野郎どもに向けてさ（笑）。

―ハイレベルな大人のプロレスファンに向けて、と言ってくださいよ。

鈴木　何がハイレベルなんだよ！

―鈴木さん自身はこの連載をやっていてどうですか？

鈴木　まあ、プロレス専門誌やプロレス専門サイトとは違う、かと言って一般スポーツ系のインタビューとも違う、ただダラッとしゃべってるのが楽しいのかな。

――素のまま、本音でしゃべっていただいてるというか。

鈴木　そうだね。とくにいいこと言おうとする意図もなく。ただ思っていることを言う（笑）。

――デトックス的な感じで（笑）。

鈴木　だから、ちょこちょこ言うことも変わってるよ。当たり前のことだけど人の考えって変わるものだからさ。いろんな経験を積んで、この歳になったからこそわかることもあるし。若い頃は以前と違う発言をすることに対して、「これを言ったら過去の自分を否定することになるな。ウソつきだと思われるな」っていう思いがずっとあって、ひとつのことに縛られてたんだけど、いまは「べつにいいじゃん」って。

――前言撤回を怖がらないと。

鈴木　うん。「昔と違うこと言ってるじゃん！」「前はこれが最高だって言ってたのに！」とか言われても、考え方が変わっちゃったんだもん。アップデートが頻繁に行われるようになっていったからさ。もちろん、どれだけアップデートしても変わらないものは変わらないんで。だからこの『鈴木みのるのふたり言』は、その時点での鈴木みのるの発表会です（笑）。

――「いま俺はこう考えてる」という。

鈴木　もしかしたら店頭に並ぶ頃にはもうアップデートされて、違う考えになってるかもしれないけど（笑）。

――最新号ですら「半月前の鈴木みのる」でしかないかもしれない（笑）。

鈴木　そういうこと（笑）。

――この連載ではいろいろな過去も振り返ってもらってますけど、先日のザ・デストロイヤー追悼興行（11・15大田区総合体育館）では、太陽ケアとひさしぶりにタッグを組みましたよね。全日本でケアたちと組んでいたGURENTAIは、いまの鈴木軍の原型というか、チームで闘うことに目覚めたユニットだったりしたんじゃないですか？

鈴木　そうだね。あれはケアを活かすところから始まってるんで。

――そういうテーマもあったんですね。

鈴木　太陽ケアっていう選手は、ジャイアント馬場さんがハワイから連れてきた全日本プロレスの生え抜きレスラーで。デビューは平成に入ってからだけど、昭和全日本の匂いがそのまま残っているレスラーのひとりだよね。

――昭和全日本って、鈴木さんはどんなイメージを持ってますか？

鈴木　いや、昔で言うと新日本は厳しい練習をしてて、全日本はあまり練習してないみたいな話があって、俺もそうなのかと思ってたんだけど。実際にケアとか80～90年代の全日本にいた選手に話を聞くと「うわっ、そんなこと新日本で全然やってなかったわ」みたいなキツいことをやってたんだよね。要は練習のタイプが違うだけで、全日本もかなり厳しかったんだなって。

――プロレスに対するアプローチの違いだったわけですね。

鈴木　あと考え方がまったく違う。職業が違うんじゃないかって思うくらいに違う。それは確実にアントニオ猪木という人とその影響を受けた人たちが作った世界が新日本と、ジャイアント馬場という人とそれに影響を受けた人が作った全日本の違いだよね。

——GURENTAIっていうチームは、それが融合できたってことなんですか？

鈴木　残念ながら……俺に才能があったんだよね（笑）。

——鈴木さん自身、全日的なエッセンスを取り入れたりして。

鈴木　馬場プロレスの一端を直系のレスラーから知ることができたっていうのは大きいかな。それを感じたのはほかにもいたんで。

——鈴木さんが全日本に行く前、2000年代半ばにノアにいた頃とか。

鈴木　うん。秋山準とか、丸藤正道とか、あのへんからは感じた。新日本育ちとは明らかな違いがあるんだよ。たぶん、みんなは気づいてないと思うんだけど。

——それはどのあたりに感じるものなんですか？

鈴木　言えない！（笑）。

——そこを少し（笑）。

鈴木　ガンツなんかは昔からのプロレスファンじゃん。だから「攻めの新日本、受けの全日本」みたいに言われたりしてたのはよく知ってるよね？

——昔からそう言われてましたね。

鈴木　それがなんでなのか、自分の中で紐解けちゃったのよ。理解しちゃったんですよ。

——なぜそういうスタイルになるのか。

鈴木　プロレスに対するアプローチがまったく違うっていうことが「ああ、なるほど」と。そこは和田京平、渕正信、あのへんと関わるようになってプロレスについて話をすると、「あれ？」「いったい俺は何をしてきたんだ？」みたいに感じることがあったんだよね。

——新日育ちが知らないプロレスがあったと。

鈴木　だから猪木プロレス、馬場プロレスっていうのは、完全に別のものですよ。俺はその両方のいいとこ取りをさせてもらってるから。これを『KAMINOGE』を読んでるプロレスマニアが聞いたらおもしろいだろうなっていう言葉で言うと、「なぜ武藤敬司が全日本プロレスの社長になれたのか」っていうのもそこと一緒。これは俺と同じ立場でプロレスに関わってなかったら理解ができないかも。

——プロレスに対して求めてるものが違うんですかね。

鈴木　見てるものが違う気がするけどね。

——目指すものが違うっていうか。

鈴木　なんかそんな感じ。でも、これ以上は専門すぎて言えない。こっちの仕事の話だもん（笑）。まあ、ぼんやりさせて言うと、猪木プロレスは山のてっぺんを見上げてそこを目指すプロレスで、馬場プロレスは山自体はそこにあるんだけど、それは一部の風景であって、地区というかその土地全体を見てるような気がする。ちょっと言いづらいんだけど、そんな感じですね。

——ピントが頂点に合ってるのが新日本プロレス、逆に俯瞰になって広角で見てるのが全日本プロレスですかね。

鈴木　全日本プロレスっていうか馬場プロレスね。だからケア、秋山、丸藤には共通したものがある。そうじゃない選手もたくさんいるけどね。

——秋山選手や太陽ケアは馬場さんが手塩にかけて育てた選手ですからね。

鈴木　いまはどうか知らないけど当時はそれを感じた。秋山と関わったのだって15年くらい前だからね。

――同じことをやってるようでいて、まったく反対側からのアプローチっていう感じだったんですね。馬場プロレス、猪木プロレスっていうのは。

鈴木　反対側からのアプローチなんじゃなくて、プロレス自体がこういうものじゃないかなっていう気もするんだよね。どこにいてもプロレスなんだよ。昔は新日本の人間は「全日本なんか」と思ってたし、全日本の人間も「新日本なんか」と思ってたけど、プロレスはプロレスなんだよ。

――アプローチややり方が違っても、どちらが正しい、間違っているではないと。

鈴木　いま俺はいろんな国、いろんな街に行ってプロレスをやってるでしょ？　イギリスのポーツマスっていう港町に行ったとき、お客さんは300～400人くらいのそんなに大きくない会場だったんだけど、子どももばっかなんだよ。子どもが大半で、あとはおじいちゃんおばあちゃんがいるみたいな会場に行ったことがあって。そこに初めて見る日本人である俺が出ていくわけだけど、なぜか全員で『風になれ』を歌えるっていう。

――そこまで浸透しているというか、プロレスに壁はないという。

鈴木　一般の人はこの事実を知らないだろうし、プロレス自体を見下してる人たちにしてみたら閉鎖された小さな世界って言うかもしれないけど、世界中どこに行っても、言語が違う国に行ってもみんなが日本語で歌ってくれるんだもん。これはありがたいことだね。敵地に来た感がないよね。だから俺のホームリングが広がったっていう。もう地球上全部がホーム。

――それってさっきの話で言うと、鈴木さんが海外から見たらストロングスタイル、いわゆる猪木プロレスのイメージでありながら、その中身は馬場プロレスの要素も持っているからなんですかね？

鈴木　出た、プロレスオタクの定義づけ！（笑）。

――インタビューの流れで聞いてるんですよ！（笑）。

鈴木　自分がなんで海外でウケてるかなんて知らないよ（笑）。ただ、俺はあるときから大衆娯楽の王様がプロレスだと思ってるんだよ。理由はいらないんだもん。細かいルールなんてどうでもいいんだもん。

――「キング・オブ・大衆娯楽」だと。

鈴木　いちいちそんな見出しみたいなのを作らなくていいよ（笑）。

――いや、新日本が昔から「キング・オブ・スポーツ」と言ってきましたけど、全日的な要素を知ることで、鈴木さんの中では「キング・オブ・大衆娯楽」になったのかなと。

鈴木　まあ、「キング・オブ・スポーツ」は猪木さんが言ってたというより、山本小鉄さんが言ってたことだからね。俺も新日道場の若手時代はその考え一色だったけど、いまはもっと広くプロレスをとらえることができている。やっぱり人の考え方は経験によって変わると言うことだよ。

――では、そんな鈴木さんの考えていることの変遷を『ギラギラ幸福論 ～白の章～』でお読みください、ということでよろしいでしょうか？（笑）。

鈴木　そうだね。こんな話が満載の本が絶賛発売中です！（笑）。

好きか、嫌いか、はっきりさせろ!
活字プロレスの源流を辿ればそこに骨法あり!!

「山本さんは毎日ウチに電話をかけてきてましたから。入稿前は真夜中だろうが朝5時だろうが関係なし(笑)」

堀辺百子×ターザン山本!

[日本武道傳骨法會・事務局長]

[元『週刊プロレス』編集長]

「UWFの思想的、技術的体系を堀辺先生がうまく言語化してくれたことで格好の語り部になったわけですよ!」

収録日:2019年12月9日
撮影:タイコウクニヨシ
写真提供:堀辺百子
聞き手:堀江ガンツ

「夕食を食べてしばらくしてスーッと倒れて終わり。もう救急車を呼んでもダメだなと思ったくらい」（堀辺）

――山本さん、ここ骨法武術館に来て局長（堀辺百子骨法事務局長）とお会いするのは、かなりひさしぶりですか？

山本 もう20年ぶりぐらいですよぉ！　ボクが週プロを辞めてからほとんど会ってなかったから。

堀辺 でも週プロの頃は、毎週のように会ってましたよね（笑）。

山本 堀辺（正史）先生と局長には、東京中のおいしいところに連れて行ってもらったんだよね。いま思い出すのは赤坂の中華料理店『樓外樓』ね。あれはおいしいねえ。

――真っ先に思い出すことは、ごっつぁんになったことですか（笑）。

堀辺 でも山本さんは最初、「馬場さんに連れて行ってもらったキャピトル東急ホテルの中華がいちばんおいしい」って言うから、私が「冗談じゃない。あんなところおいしくないわよ」って言ってたね。「だったら赤坂に1回連れて行ってあげるから」って連れて行ったらやっと認めたんですよ。山本さんは、馬場さんが行くところはみんないちばんおいしいと思ってたみたいなんだけど、「違うよ」って私が反論して。

山本 そりゃそうだよ。『樓外樓』は専門店だもん。キャピトル東急の場合はいろんな料理があるうちの1個だよ。あとは九段下のホテルグランドパレス最上階のステーキとかね、あれもおいしかったねえ。

――とにかく山本さんは馬場さんご夫妻との思い出も、堀辺先生ご夫妻との思い出も、どっちも「おいしいものをご馳走してもらった」ことがいちばんな思い出なんですね（笑）。

山本 それが最高の思い出なわけですよぉ！

――堀辺先生が亡くなられてもう何年になるんですか？

堀辺 平成27年12月26日に亡くなったので、もう4年になりますね。

――そんなになりますか。

山本 ボクは堀辺先生が亡くなったっていう実感がまったくないんですよ。

堀辺 みんなないみたいね。急だったから。入院していたわけでもないし。

――どういう状況だったんですか？

堀辺 急に倒れたんですよ。夕食を食べてしばらくしてスーッと倒れて終わり。もう救急車を呼んでもダメだなと思ったくらい。やっぱり心臓が悪かったから。

――亡くなる数年前、心臓の大きな手術をされてたんですよね。

堀辺 だから心不全でしょうね。

――なんか急にこの世を去るというのも、堀辺先生らしいですね。闘病生活が続いてとかじゃなくて。

堀辺 そうそう。そういうのを嫌っていたから。

山本 前に、フグを食べに行ったときも先生が1回倒れて、救

急車が来たことがあったよね。

堀辺　あのときはインシュリンの注射を打ったあと、食べ物が来るのが遅くて、低血糖になって意識がなくなっちゃったんですよ。

山本　先生が倒れたとき、局長が「もうダメね」みたいなことを冷静に言ってるからびっくりしたよ。「いやあ、女の人は怖いなあ」と思ってさ（笑）。

堀辺　そんな冷静ではなかったけど（笑）。

山本　こっちはオロオロしてたのに冷静だったよぉ！　あと歴史探訪で安土城に行ったとき、先生が落ち武者の怨霊に襲われて苦しみだしたときもビックリしたねえ。

堀辺　そう。汗をダラダラ流してね。

――そんなことがあったんですか（笑）。

山本　あれは強烈な思い出として残ってるよぉ！

――いちばんの思い出が、おいしいものをご馳走してもらったことと、堀辺先生が怨霊に襲われたことですか（笑）。そもそも山本さんと堀辺先生の付き合いはどんなところから始まったんですか？

山本　高野兄弟のコブラ（ジョージ高野）がいるじゃない？　そのコブラの世話人みたいなことをしていた星野さんという人と堀辺先生が親しくて、ボクもその人と親しかったんですよ。

――そういえば骨法を最初に習ったプロレスラーって、猪木さんじゃなくてザ・コブラなんですよね。

堀辺　そうそう、コブラが練習に来てたの。

「堀辺先生がいなかったらグレイシーもUWFも盛り上がってない。先生がもたらしたU幻想、グレイシー幻想、武道幻想は絶大ですよ！」（山本）

――髙田延彦戦の前の特訓みたいな感じでしたよね。

山本　その後、猪木さんがレオン・スピンクス戦前に骨法の道場に来て、堀辺先生から浴びせ蹴りを伝授されたでしょ？　それでボクはその星野さんから紹介してもらって、週プロで猪木さんの骨法特訓を独占取材させてもらったんよ。ところがそのとき、俺は「堀辺」を「渡辺」って書いちゃって、大間違えしたんですよ！

堀辺　それで私が怒ったのよ。「名前が違う！」って。

――おもいっきり名前を間違えたんですか（笑）。

山本　こっちとしては猪木さんの特訓だから特ダネでしょ。だから大喜びして東中野の道場まで来たんだけど、大チョンボで怒られてさあ。だけど、なんか知らないけど先生と気が合ったのか、そこから縁ができたんですよ。

――「堀辺」を「渡辺」と間違えて書いたことから始まったんですね（笑）。

山本　骨法って未知の格闘技だったから新鮮でしょ。また先生が非常におもしろそうな人だったんで興味を持って、話してみたら凄い博識なわけですよ。あとはUWFが出てきた時代だから、格闘技の技術体系とか勉強しなきゃいけないじゃないですか。それで先生に教えを請うみたいな。そういうきっかけですよ。

――局長は山本さんの最初の印象はどうだったんですか？

堀辺　なんか好奇心が旺盛で、派手でおもしろい。やっぱり常人ではないところが魅力じゃないですか（笑）。

――堀辺先生も常人からかけ離れた人が好きですもんね（笑）。

堀辺　先生はわりと偏見がないんですよ。だからプロレスラーも分け隔てなく受け入れて、凄く寛容で珍しい人ですよね。

山本　結局さ、格闘技界の人というのはプロレスに対して特別な意識を持ってたんですよ。偏見があるというか、凄く敵視してたんだよね。「ガチンコじゃないものが、なぜ繁栄してるんだ」っていう彼らの思いがあるからさ。でも堀辺先生の場合はプロレスに対して偏見や否定的な考えはほとんどなかった。プロレスはプロレスなりに理解しようっていう、自由な発想だよね。

堀辺　でも考えてみれば、道場っていうのはどういう職業の人に教えてもいいはずなんですよ。べつに建築家だろうが不動産屋だろうがいいわけでしょ。それなのにプロレスラーに教え始めたら、ほかの格闘技団体や道場から大バッシング、村八分にされて。ウチはそういうひどい思いをしましたよね。

――格闘技界の中では「あそこは……」みたいな感じで差別されたわけですね。

山本　それはボクが骨法と堀辺先生を贔屓して徹底的に週プロ

に載せまくったからですよ。それに対するやっかみが凄かったんだよね。

——週プロで連載もずっとやってましたしね。

山本　それはボクがＵＷＦを時代の最先端にもっていこうとしたとき、「ＵＷＦとは何か?」という思想的体系、技術的体系を先生がうまく言語化してくれたわけですよ。だから先生は週プロに出てもらうのに最適な人だった。ほかに格闘家で言語化できる人はいなかったから。先生は言葉にできるという強さを持ってたんだよね。

——ＵＷＦって、そうやって理論化しなきゃ、見た目は地味なプロレスですもんね（笑）。

山本　理論化、思想化しないともちませんよぉ！　そこを堀辺先生が武道精神の立場で、格闘家としての生き方から考えていったわけでしょ。ＵＷＦの格好の語り部になったわけですよ！

堀辺　グレイシーが出てきたときも、先生が「黒船だ」って言ったんですよね。そうしたらほかの格闘技の人たちは（ＵＦＣやグレイシー柔術に対して）「あれはケンカだ」「バカげてる」「格闘技じゃない」ってバッシングしたんですよ。

——『格闘技通信』以外の格闘技雑誌は、最初グレイシー柔術やＵＦＣをみんなボロクソに否定してたんですよね。

山本　だから堀辺先生がいなかったらグレイシーもＵＷＦもあんなふうに盛り上がってませんよ！　堀辺先生が週プロの連載でもたらしたＵＷＦ幻想、グレイシー幻想、武道幻想はもう絶大ですよ！

——山本さんは堀辺先生が言語化したものをプロレスファンに伝わるように提供していたわけですか。

山本　そう。プロレスファンにわかるように咀嚼して、ボクもまた言語化してＵＷＦファン、プロレスファンに届けたっていう、そういうワンツーですよ。そうやってＵＷＦを時代の前面に押し出していこうというね。

「船木はライガーと骨法コンビで人気が出たから坂口（征二）さんに海外へ飛ばされたんですよ」（堀辺）

——だから週プロの誌面作りのために、堀辺先生に毎週のように電話されてたんですよね？

堀辺　いえ、毎日（笑）。

——毎日ですか！（笑）。

堀辺　入稿のときは真夜中とか朝5時とか、平気でかかってきましたから。

山本　ボクが「今週の週プロはどういうコンセプトで、何をテーマにして展開するか？」で悩んだとき、先生とおしゃべりして、その答えを引き出すというか。答えを見つける役割をお願いしていたんだよね。だから困ったときに先生のところに電話をするわけですよ。真夜中だろうがなんだろうが。

——山本さんが困ったタイミングで（笑）。

堀辺　こっちはもう寝てるのにね（笑）。

山本　これが普通の人なら「なんでこんな夜中に電話をしてくるんだ！」ってなるんだけど、先生はそういうのがまったくないんだよ。夜中だろうが早朝だろうが電話に出てくれて、バーッとしゃべるんだよね。しかもボクが質問をするとテンションが上がる人なんですよ。ボクが考えていることの上を行こうとして、頭の中がグルグル回転していくわけですよ。

――いままでにない答えを出してやろうと、火がついちゃうわけですね（笑）。

山本　ボクがAと言うと、先生はXとかZとかまったく違うものをそこから発展して生み出してくれる。そこがもの凄く天才的だったんだよね。そうやって常に新しい概念とか発想、見方、アングルを先生が提示してくれたので、ボクにとっては凄くありがたかったんだよ。

――だからこそ、週プロで新しい概念をバンバン世に送り出せていたと。

山本　そうそう。そのきっかけを生み出してくれた。ボクの編集作業の中で最大の思想的ブレーンだったね。

――共鳴しあって新しいものができあがっちゃうみたいな。

堀辺　そうね。何かを生み出しますもんね。

山本　だから「グレイシーとは何か？」っていうことと、「UWFとは何か？」っていう二大テーマを、先生がほとんど考えてくれたというか。人々にわかりやすいように言語化してくれたんですよ。だから長州がボクに「Uはおまえだ！」って言ったけど、Uは堀辺先生だったんですよぉぉぉ！（笑）。

──ターザン山本の裏に本当のブレーンがいたと（笑）。

山本　そう言っても間違いないですよ。常にグレイシーと格闘技とUWFと武道、この4つをテーマにしてしゃべりまくってたんだから。

堀辺　そうですね。だから格闘技界を追い出されたけど、結局はプロレスファンが応援してくれたんですよ。そのプロレスファンの力も大きいですよね。

──週プロというか、山本さんと堀辺先生がプロレスファンを総合格闘技へ誘導していきましたよね。

山本　だから俺はプロレス界で嫌われたわけですよぉ！（笑）。

──山本と堀辺がよけいなことをしやがったと（笑）。でも骨法はプロレス界への貢献も大きいですよね。コブラや猪木さんに始まり、いろんな選手が骨法の道場に通って。獣神サンダー・ライガーは引退までずっと掌打と浴びせ蹴りという骨法の技を使い続けましたし。

堀辺　それはとってもうれしいですね。

山本　ライガーたちが偉かったのは、誰に言われたわけでもなく、自分の意思でほかの格闘技を学ぼうとしたことだよね。若手時代の佐山サトルもそうだったけど、新日本の道場以外に出稽古に行ったりしたら、まわりの先輩からボロクソ言われるわけですよ。

堀辺　いじめられるんですよね。

山本　それでも自分の信念で、ライガーと船木（誠勝）はここに来てたわけだからね。2人とも自分の中で何か物足りなくて、いまの状況を打破するために新しいものを見つけたいと。そういう向上心があるから来てたわけでしょ。そういう人がスターになるんですよぉぉぉ！

──自分から道を切り開くわけですもんね。

山本　そういうことをしない人は体制の中ではスターになるかもしれないけど、本当のスターにはなれないわけですよ。

堀辺　でも船木はライガーと骨法コンビで人気が出たら、坂口（征二）さんに海外へ飛ばされたんですよ。坂口さんは2人がウチに通ってるのがおもしろくなかったみたいで。蹴りが嫌いだから。

──船木さんもライガーさんも新日道場に置いてあったレガースを隠されたらしいですもんね（笑）。

山本　坂口さんはそういうことをやるんだよね。「邪魔者は消せ」みたいなね（笑）。

堀辺　それで船木は怒っちゃったんですよ。

山本　でも坂口さんには坂口さんの言い分があって、組織を守るためには異分子がいたら困るっていうのがあるんだよね。

堀辺　でも猪木さんはオッケーだったんですよ。

山本　あの人はすべてオッケーだから。そういうことにいちいち文句を言わないし、干渉もしない。むしろ歓迎する。だって猪木さん自身が骨法に来てるんだから。

――まあ、そうですよね（笑）。

堀辺　それでおもしろいのが、ライガーや船木がウチに練習に来てた頃、麻布で猪木さんの誕生日パーティーがあったんで、2人を連れて行ったんですよ。そのとき2人が私たちの隣に座ってたんですけど、そこに猪木さんが来て「この2人は先生の弟子みたいだね。先生の子どもみたいだ」ってチラッと言ったんですね。

――新日の選手で、猪木さんの弟子であるはずなのに、堀辺先生にべったりだったのを猪木さんが見ちゃったわけですね（笑）。

堀辺　だからヤバいと思って「猪木さんの誕生日なんだからお酌してきなさい」って言って。でも彼らはそれくらい純粋だったんですよ。

「メガネスーパーの田中社長が骨法整体で30万置いていくって、金権そのものじゃないの！（笑）」（山本）

山本　骨法の練習にのめりこんでたもんね。それで先生はあの2人に「コレ（シュート）でやってしまえ！」って言うんだよね（笑）。

堀辺　船木が髙田（延彦）とやるときにね（笑）。

山本　そんなプロレス界では絶対にやってはいけないことを先生はけしかけるわけですよ。そりゃあ船木も困るよ（笑）。

――堀辺先生はライガーさんに対しても「やってしまえ！」って言ったことがあるんですか？

堀辺　あれは星野勘太郎のとき。ライガーが星野勘太郎に嫌がらせをされてるって言うんで、先生が「やっちまえ！」って言ったら、試合が終わってからやっちゃったもんね（笑）。あれから嫌がらせをなくなったみたいよ。

――星野さんとライガーさんが控室でやりあったケンカって、先生がけしかけたんですか（笑）。

堀辺　私と先生ね（笑）。

――局長もですか（笑）。

堀辺　「嫌がらせを受けてる」って言ってたから「1回はやっちゃったほうがいいよ。そうすればおとなしくなるから」って言ってやらせちゃったの。あれもおもしろかったね。

――ライガー伝説のひとつにそんな裏話がありましたか（笑）。

山本　ライガーも船木も若かったから、それぐらい純粋だったんだよね。

堀辺　2人ともかわいかったですよ。本当に一生懸命習ってましたから。努力家ですよね。午前中に新日本の道場で練習をやって、お昼を食べてから原付バイクを乗って13時にはここに来てかならず練習。休まずにやってましたから。

――あの昭和新日道場の厳しい練習が終わってから、さらに骨法もやっていたわけですもんね。

堀辺　ウチに来る新日本の選手は、みんな凄い努力家で礼儀正しかったですよ。猪木さん自身がそうだったから。ちゃんと正座して「お願いします！」って挨拶をしてから稽古して。

――猪木さんもちゃんとそういう姿勢で習ってたんですね。

堀辺　そんなに練習熱心な人がウチに来てくれたら、もううれしくなりますよね。みんな素晴らしい人ですよ。

――そういう真面目で練習熱心な姿勢があったから、堀辺先生も全力で応えていたわけですね。

堀辺　そうじゃない人はお金を積まれても断りますから。だから北尾（光司）が来たときは「200万出す」って言われたけど断ったんです。あれは山本さんの紹介だったんだけど。

――えっ⁉　北尾を山本さんが紹介するってどういうことですか？

山本　いや、ボクの紹介でメガネスーパーの田中（八郎）社長と奥さん、息子が骨法整体を受けにきたんですよ。奥さんがどこか悪いっていうのを俺は聞いてたんで、「じゃあ骨法を紹介しますよ」って言ったら3人で来て。その流れだよね。

堀辺　3人で来て30万出したんですよ（笑）。

山本　えーっ⁉　普通は1回5000円ですよぉぉ！

堀辺　でも田中社長はひとり10万払ったの。3人で来ると30万。私は「そんなにいらない」って言ったんだけど、置いていっちゃうの。だからウチの弟子たちにあげちゃった（笑）。

山本　勝手に30万置いていくって、金権そのものじゃないの！（笑）。

――患者が自分で値段を決めるって凄いですね（笑）。

堀辺　それで田中社長から「月200万出すから、北尾に骨法を教えてやってほしい」って言われたんだけど、あの人は真面目じゃないし、紹介されたときも「形だけ教えてくれればいい」って言うから「それじゃダメだ」って断ったの。

――「形だけ教えてくれれば」って、じつに北尾さんが言いそうなことですね（笑）。

山本　そりゃダメだよね（笑）。

――だから空拳道に行っちゃったんですね（笑）。

山本　せっかく俺が紹介したのにねえ（笑）。

堀辺　だから私も先生もお金では割り切らないんですよ。

山本　普通はパクっと取りますよ。レスラーって現ナマに弱いから、お金を出されたらガバーッとね（笑）。

堀辺　私は電話をして断ったもん。「月200万なんかいらない。骨法を真面目にやらない人は嫌だ」って言ってね。

山本　それは田中社長もビックリしたんじゃないですか。でも治療代が10万円っていうのに俺はいちばんビックリしたよ（笑）。

ターザン山本！（たーざん・やまもと）
1946年4月26日生まれ、山口県岩国市出身。元『週刊プロレス』編集長。
立命館大学を中退後、映写技師を経て新大阪新聞社に入社して『週刊ファイト』で記者を務める。その後、ベースボール・マガジン社に移籍。1987年に『週刊プロレス』の編集長に就任し。"活字プロレス""密航"などの流行語を生み、週プロを公称40万部という怪物メディアへと成長させた。

──また新たなSWS伝説が生まれましたね（笑）。

山本　ボクも週プロ編集長時代、ここに来たらまず骨法整体を受けて、そのあとにインタビューをして、それから食事に行くという凄い3点セットだったんだよね（笑）。

──素晴らしいじゃないですか。山本さんの場合、10万払うどころかタダで治療してもらって、食事までご馳走になるという（笑）。

山本　パチパチパチ（拍手）。最後は局長の運転で、家まで送ってもらってたからね。

堀辺　運転がうまかったからね。

山本　局長の運転は天下一品ですよ！

「源頼朝のお墓をお参りして『骨法は源氏の武道ですから応援してください』ってお願いしてからパーッと開けてきたんです」（堀辺）

──運転といえば、堀辺先生はクルマの運転はいっさいされなかったんですよね？

堀辺　そうですね。機械が嫌いだから。

山本　先生は世俗的なことには一切興味がないから。だから俺は聞いてみたいんですよ。先生って生き方がアートでしょ？　だからいまで言う社会不適合者なんですよ。才能がある人ってみんなそういうもんなんだけど、局長はよく堀辺先生と結婚し

たなと思ってさ。局長はよっぽど物好きですよ！

堀辺　好奇心が強いんですよ。

山本　局長だったら、たぶん若いときに10回くらいプロポーズされたんじゃないかと思ってね。

堀辺　もっとありますね（サラリと）。

山本　そうでしょ？　そのプロポーズをした人は、たとえば学歴があったりとか、経済的に凄いとか、恵まれた上流階級もいっぱいいたわけでしょ。それをよりによってさ、堀辺先生を選ばないですよぉぉぉ！

堀辺　親はそういう人と結婚してほしいと思ってても私は興味がないの。お金持ちとかそういうのに興味がないんです。

山本　へぇ〜。お金持ちで家柄がよくて、学歴もあって、そういうことに興味がないわけですか？

堀辺　ないんですよ。それって平凡だから。

山本　いや、女性は普通そこに尺度があって、年収いくらだとかそういうのを計算してから結婚するものじゃないですか。それがないんですか？

堀辺　ないんです。

山本　でも先生と結婚したらもう苦労しかないでしょ？

堀辺　ええ。でも、それをまた切り開くのが重要なんですよ。骨法はもともと源氏の武道だったので、源頼朝のお墓をお参りして「源氏の武道ですから応援してください」ってお願いしてからパーッと開けてきたんです。それまで何もなかったのが、ビートたけしのテレビに出始めたりとかして急に忙しくなってきたの。

山本　はあ〜。局長は学校を卒業して何をやってきてたんですか？

堀辺　いろいろ。

山本　クラブとか？

堀辺　ちゃんと会社に行ってましたよ。

山本　会社勤めだったの？　局長は会社勤めに向いてないよぉ！

堀辺　でも富士紡績って会社に勤めてましたよ。

山本　ＯＬ？

堀辺　はい。人事部ですよ、私。

山本　はあ〜。

――堀辺先生とはどういうきっかけで出会ったんですか？

堀辺　ジムにトレーニングに通っていたときに会ったんですよ。それで首が痛かったのでちょっと治してもらったの。

山本　でも先生はあまり女の人には興味がないでしょ？

堀辺　ないですけどね。「自分はこの日本でどう死ぬか」ってことばかり考えてる人で。その考えがなかなかまとまらなかったみたいなんだけど、私と出会ってから「自分が師と仰ぐ吉田

堀辺百子（ほりべ・ももこ）
東京都中野区生まれ。日本武道傳骨法事務局長。
高校卒業後、富士紡績株式会社に勤務しOL生活を送っていたが、交通事故で体調を崩し退職。その後、自分の店を持つべくスナック喫茶専門学校に通いながら、中野ボディビルセンターでリハビリのためのトレーニングをしているときに堀辺正史と出会い結婚。以後、日本武道傳骨法の事務局長として運営業務の一切を担当。現在は代表取締役も務めている。

松陰のように、人を育てる立場にならなくちゃいけない」と思ったみたい。それで私が「道場に力を入れたほうがいいんじゃない？」って言って、補佐をし始めたわけ。

山本　吉田松陰の松下村塾みたいなものにしようとして、道場に力を入れたってことですか。

堀辺　尊敬してましたからね。山本さんと一緒に北一輝のお墓にも行ったでしょ。

山本　ああ、行ったねえ。佐渡島ですよ。

堀辺　何か自分の死に場所を探してるような感じで、だから最初に会った頃は変わってるなって。生と死というものしか考えてないから。

「局長は完璧なる縁の下の力持ちですよぉ！　でも先生と結婚するって言ったら両親は反対したでしょ？」（山本）

山本　「武士道とは死ぬことと見つけたり」っていう『葉隠』の世界じゃないですか。じゃあ、局長は先生の押しかけ女房ですか？

堀辺　いや、押しかけたんじゃない。先生が押しかけてきたの（笑）。

山本　先生が押しかけた？　はあ〜。

堀辺　手紙をくれたんですよ。でも名前を間違えてて（笑）。

山本　名前を間違えた？

堀辺　百子じゃなくて「梅子」って書いてあって（笑）。

山本　モモとウメを間違えた！（笑）。

堀辺　「梅子様」って手紙が入ってて。それで「この人は変わってるなあ」と思って。

——名前を間違えたラブレターって、普通なら致命的な大失敗ですよ（笑）。

山本　間違えたのは、先生はそういう世間体なことに頭がいってないからね。

堀辺　いってないんですよ。

山本　世間体の形而下された世界には興味がないから、ウメであろうとモモであろうとどっちでもいいわけですよ、先生は。

堀辺　だから自分の生き様っていうことに困ってたんじゃないですか。

——どこへ行くべきか、どう死ぬべきかと。当時は骨法のお弟子さんはとってなかったんですか？

堀辺　まだ骨法は名乗ってなくて、柔術や武術を有段者にだけに教えてたんですよ。お金は整体で稼いで生計を立ててたんですけど、どういうふうに生きていくかということについては、彷徨っていたような気がします。

山本　経済的には整体で生計が成り立ってたけど、道場とかに関しては何も進んでなかったと。そこに局長が現れて「整体と道場を二本立てでやるようにしたらどうですか？」っていうアドバイスをしたんですか？

堀辺　アドバイスっていうか成り行き上ですけどね。
山本　それ以降は局長が経理担当で切り盛りしたわけですか。
堀辺　そうです。先生はただ教えるだけ。
山本　局長がマネージャーとして活躍したわけですね。完璧な縁の下の力持ちですよぉ！　でも局長、先生と結婚するって言ったら両親は反対したでしょ？
堀辺　しましたよ。
山本　大反対じゃないの？
堀辺　そうですよ。「なんで医者と結婚しないんだ！」って。
山本　「なんであんなわけのわからん男と結婚するんだ！」ってえらい怒ったでしょ？
堀辺　「生活ができないからやめろ！」って言われましたよ。
山本　言われるよね。「おまえ、何を考えてるんだ！」って。でも局長は自分の信念を押し通したわけ？
堀辺　あまり言われても私は関係ないんで。マイペースなんで。
山本　ああ、気にしないんだね。
堀辺　気にしないんですよ。やると思ったらやっちゃうんですよ。
――先生も局長のご実家に来られたんですか？　「娘さんをください」みたいな感じで。
堀辺　兄弟と会って、みんなに反対されてましたね。ウチの妹は「やめたほうがいい」って。
山本　そりゃそうですよ。みんな大反対ですよ！（笑）。
堀辺　でも一応行ったら食事を出してくれて、それで会ったからいいやってことで。
――とりあえず面通しはしたからオッケーと（笑）。
山本　先生は局長がいなかったら生涯独身でしょう。
堀辺　そうですね。死んでたんじゃないですか（笑）。
山本　野垂れ死ですよぉ！
堀辺　あまり生きるってことに興味がなかったみたい。もの凄く不思議な人ですね。だからわりと私は変わった人が好きなのかもしれない。山本さんとか、先生とか。変な生き方をしてる人をおもしろがってるのかもしれない。

「全日本の後楽園に行ったときに元子さんが門番をしている姿を見て『ああ、私に似てるなあ』と」（堀辺）

山本　それは凄い余裕ですね（笑）。普通の人間だったらエゴイズムで自分の利益を優先して生きるわけでしょ。局長は利益をまったく優先してませんね。
堀辺　してないですね。でも中高校生の頃に男の団体が私の仲間にいて、いろんな人がいたんですよ。あの当時は番長っていうのがいて、その番長たちの間に私が入ってまとめてたんですよ。
――それは凄いですね（笑）。
堀辺　その番長たちや、あとは音楽の子たちを集めて喫茶店を借り切って、そこでバンドをやってパーティー券を売って儲けてたんですね（笑）。それをみんなで分けて、高校生なのにおこづかいを何万も持ってたんですよ。

山本　はあ～。

堀辺　そうやって男の子とばかり付き合ってたんで、いま道場にいてもそういう感じなんですよ。男の子の間にいつも私がいて。

――喫茶店で興行を仕切ってたわけですね（笑）。

堀辺　学生だから税金がかからないでしょ。だから喫茶店を2時間借り切ってバンドをやって、そこでパー券を売って儲けて。潤ってたんですよ。

山本　局長にはそういう才能があったわけか。

堀辺　あるんですよ。だから後楽園ホールで骨法の大会をやったことがありましたけど、ああいうのは学生時代からやってたんですよ。

山本　『骨法の祭典』をやる下地があったんだ。

堀辺　あったの。だからできたんですよ。

山本　じゃあ、骨法で道場と整体治療院を経営しているのも、そういうプロデュース能力があるから切り盛りできたわけですね。

堀辺　そうそう。

――そして堀辺先生は道場で教えることと整体に専念できたと。

堀辺　あとは勉強することにね。

山本　先生もラッキーな人だねえ。じゃあ局長は、経営的なことは無理してやってるわけじゃなくて、当然のように自然とやってたんだね。

堀辺　そういうのも子どものうちから下地があるんですよ。だから何も金持ちと一緒になる必要がないんです。自分ができるから。

山本　はあ～。

堀辺　それで私は家で子どもを産んで、お料理を作ってっていうのが嫌いだからちょうどいいんですよ。そういう女じゃないから。

――そういう意味で先生とは最高のパートナー同士なんですね。

堀辺　パートナーとしては最高ですね。頭がよくて強くて、真面目だし。そういう意味で尊敬できたから一緒にいられたんですよ。

山本　先生は真面目というか純粋だよね。

堀辺　そうそう。純粋過ぎるんですよ。だからすぐ人を信じ込んじゃったりもするから、変な人が来たら私が「ダメよ。あの人は悪いのよ！」って言わなきゃいけない（笑）。

山本　それ、馬場さんと元子さんの関係と一緒じゃない！（笑）。

堀辺　そうかもしれない。だから全日本の後楽園に行ったとき、元子さんが〝門番〟をしている姿を見て、「ああ、私に似てるなあ」と思って。

山本　入口で睨みをきかせて門番してるんですよ。それで絶対

に変な人を馬場さんに近づけないようにするんだよね。
堀辺　だから馬場さんがベビーフェイスでいられたのも元子さんのおかげですよね。
山本　そうそう。元子さんは自らが悪役になるんですよ。それで性格も勝ち気だから関係ないんですよ。
堀辺　私も自分が悪者になってもいいって覚悟してるから。
山本　そういう意味では、局長と元子さんは二大女王ですよぉ！（笑）。
――山本さんは週プロ編集長時代にご馳走になっていた、馬場さんご夫妻と堀辺先生ご夫妻は、じつは似た関係だったという（笑）。
山本　いや～、ボクは先生と局長の組み合わせがずっと不思議だなと思っててさ。どういう馴れ初めで、どういう展開で来たのかなって。
――ルックス的にも好対照ですしね（笑）。
堀辺　そうね。私は洋風で、先生は和風でしょ。だから全然違うけど、方向性とか考え方とかそういうのは同じなんです。だからラクなんですね。たとえば「ガンツさんや山本さんっていい人ね」って私が思うと、先生もそう思っている。人に対する評価が全部同じ。だからラクでモメないんです。
山本　馬場さんと元子さん、堀辺先生と局長は最強のカップルですよぉ！　今日はいろいろ謎が解けましたよぉぉぉ！

玉袋と28年ぶりの再会！
UWFに傾倒しながら
アメリカンスタイルに
たどり着いた全真相!!

玉袋筋太郎

〝セクシーストリーム〟リッキー・フジ

変態座談会

収録日：2019年12月12日
撮影：タイコウクニヨシ
試合写真：平工幸雄
構成：堀江ガンツ

ワールド

「タイガーマスクの背が自分とあまり変わらないんで、もしかして俺もプロレスラーになれるんじゃないかと」（リッキー）

玉袋　リッキーさん、どうもおひさしぶりです！

リッキー　ひさしぶりですねえ。玉さんとお会いするのは、おそらく佐賀県の鳥栖でやった『炎のバトル』以来ですから、もう何年になります？

ガンツ　『炎のバトル』はたしか1991年の夏ですから、28年ぶりですね。

玉袋　もう28年かよ！（笑）。FMWとロックを融合させたフェスでさ、あれに高田文夫先生と稲川淳二さん、浅草キッドで行ったんだよ。ザ・ブルーハーツが出てた時代だからね。

リッキー　あと筋肉少女帯、泉谷しげるさん、アンジーなんかも出てましたよね。

椎名　凄い豪華だったんですね。

玉袋　そこで（水道橋）博士が甲本ヒロトと「おう、ひさしぶり！」って言ってたからね。中学の同級生だから（笑）。

ガンツ　『炎のバトル』はお客さんがたくさん入ったんですけど、経費をかけすぎてFMWがずいぶん借金を背負ったんですよね（笑）。

リッキー　だってあれ、お客を平地に4万何千人も入れたんですよ。

椎名　へえ～！

玉袋　あのときよ、会場からタクシーでホテルに帰ったんだけどさ。運転手同士の無線で「なんかいま、パンダが乗ってきてるんだけど」とか言ってたんだよ（笑）。

ガンツ　パンディータですね（笑）。

玉袋　次にタートル仮面が乗ってきて、「カメも乗ってきたぞ」とかな（笑）。

リッキー　たしかにパンダとカメが来てましたね（笑）。

玉袋　あとグラジエーターもいたし、ジミー・バックランドもいてさ。

リッキー　FMWのホントの初期ですよ。懐かしいな～。

ガンツ　というわけで今回は、玉さんも古くから知るリッキー・フジさんのレスラー人生をじっくりと聞いていきたいと思います！

リッキー　よろしくお願いします。

［変態座談会出席者プロフィール］
玉袋筋太郎（1967年・東京都出身の51歳／お笑い芸人／全日本スナック連盟会長）
椎名基樹（1968年・静岡県出身の51歳／構成作家／本誌でコラム連載中）
堀江ガンツ（1973年・栃木県出身の46歳／プロレス・格闘技ライター／変態座談会主宰者）

［スペシャルゲスト］
リッキー・フジ（RICKY FUJI）
1965年9月27日生まれ、千葉県千葉市出身。プロレスラー。
新日本プロレスの練習生から、カリガリーに渡り1988年6月28日、ブリティッシュコロンビア州カムループスでのロース・ハート戦でデビュー。1990年、帰国してFMWに参加。大仁田厚、ターザン後藤、サンボ浅子とともにFMW四天王のひとりとなるものの、大仁田らに反旗を翻してビッグ・タイトンらとともに「チーム・カナダ」を結成。得意の話術を生かしプレイング・マネージャーとしてFMWマットを荒らし回った。FMW崩壊後は飲食店の従業員となる傍ら、WMFやWJプロレス、みちのくプロレス、静岡プロレス、ターザン後藤一派、北都プロレス、頑固プロレス、ガッツワールド、新潟プロレスなどインディー団体に幅広く参戦。

玉袋　リッキーさんはデビューして、もう何年になったんですか？

リッキー　32年目ですね。1988年にカナダでデビューして。

玉袋　じゃあ、浅草キッドのほうがちょっと早えのか。

ガンツ　でもリッキーさんがプロレス界に入ったのは、もっと早かったんですよね？

リッキー　最初は1984年に新日本プロレスに一度入門してますね。ちょうど新人がたくさん入った年で、3月にAKIRA（野上彰）さんと船木（誠勝）さん、4月に三銃士（武藤敬司、蝶野正洋、橋本真也）、それで8月にボクだったんですね。

椎名　バラエティ豊かな。五目釣りだよね（笑）。

リッキー　選手の大量離脱があった年でもあったんですよ。ボクが入る前に、藤原（喜明）さんや髙田（延彦）さんが第一次UWFに行って、ボクが入ったすぐあとぐらいに長州（力）さんたちが一気に抜けて。

玉袋　プロレスファンとしてはずっとガチガチの新日派だったんですか？

リッキー　そうですね。猪木さんに憧れていて。ただプロレスラーになろうと思ったきっかけは初代タイガーマスクなんですよ。ボクは高校生のとき、蔵前国技館でタイガーマスクのデビュー戦を観ていて。

椎名　えーっ、ダイナマイト・キッドとのデビュー戦を生で観てるんですか⁉　うらやましい！

リッキー　それで試合が終わったあとに出待ちをしてたら、タイガーマスクの近くまで行けたんですよ。そうしたら自分と背があまり変わらないんで、「あれ、もしかして俺、プロレスラーになれるんじゃないか？」と思って（笑）。そこからですよ。

椎名　タイガーマスクが思ったより小さかったことがきっかけになったと（笑）。

リッキー　そっからはプロレスラーになるために、それまでやっていた野球も辞めちゃって。学校が終わったら家に帰って、プッシュアップを500回、スクワットを1000回、それを日課にしてましたね。

玉袋　プロレスファンがかならずかかる病ですね、これは（笑）。

椎名　ボクも自作のプッシュアップバーを持ってましたからね。

玉袋　恥ずかしいな（笑）。

椎名　恥ずかしいですよ（笑）。

ガンツ　新日本にはどうやって入門したんですか？

リッキー　いや、新日本には高校のときから履歴書を出してたんですけど、当時はボクの身長じゃまったく相手にされなかったんですよ。

玉袋　佐山さんとかライガーは特例だもんな。

リッキー　でも諦めきれないので、高校卒業したあとは新日道場近くにアパートを借りて、トレーニングしながらチャンスをうかがってたんです。

ガンツ　タイガージムにも行ってたんですよね？

リッキー　そうですね。ちょうど佐山さんがタイガージムをオープンされたばかりの頃で、週1で通ってました。

椎名　タイガージムは宮戸（優光）さんがいた頃ですか？

リッキー　宮戸さんや山崎一夫さんがインストラクターをされてましたね。

「藤波が道場の出口を封鎖してたって、これが本当のドラゴンゲートだよ！」（玉袋）

玉袋　平（直行）さんはまだいないのかな。

リッキー　平はボクと同じ一般会員だったんですよ。

玉袋　あっ、そうなんだ！

リッキー　だから平とはいまでもフェイスブックやツイッターで「おう、元気か？」みたいな感じでやってますけどね（笑）。

玉袋　そっから、どうやって新日道場に入る感じなんですか？

リッキー　ある日、道場を見学に行ったら、山本小鉄さんがひとりで練習されていて、思いきって直談判してみたんですよ。「プロレスラーになりたいんです！」って。そうしたら「わかった」ってその場で仮の入門テストみたいなことをやってくれて。正式な入門じゃないんですけど、「じゃあ、道場を貸してやるから夕方から練習しなさい」って言っていただいて。もう特例ですよね。

玉袋　やっぱり小鉄さんは身体が小さい人間にもチャンスを与えてくれるんだよな～。

ガンツ　では、道場が空いてる時間にひとりで練習をしてたんですか？

リッキー　そうですね。ただ、その時間は誰も練習していないはずだったんですけど、髙田延彦さんがいっつも自主練習でサンドバックを蹴ってたんですよ。それで、いつも同じ時間に知らない人間が道場で練習してるから、髙田さんは「アイツは誰なんだろう？」って思ったんじゃないですか。ある日、声をかけられたんで「プロレスラーになりたくて、山本小鉄さんの許可を得て練習させてもらってます」って言って。そうしたらいろいろアドバイスしてくれたんですよ。

ガンツ　髙田さんがＵＷＦに移籍する直前の時期ですね。

リッキー　そうですね。「レスラーになるなら身体をデカくしなきゃダメだ。腹一杯メシを食ったあとに、バナナ3本と6Ｐチーズを3つ、あとは牛乳500ミリリットルにプロテインを入れて、デザートとして飲め」って言われて、それを実践したんですよ。そうしたら1カ月で体重が10キロ増えましたからね。それで身体がデカくなったんで、正式に入門が認められて8月に入寮しましたね。

玉袋　じゃあ、髙田さんが恩人じゃないですか。

リッキー　そうなんですけど、ボクが入った頃にはもう髙田さんはＵＷＦに行っていなくて。そのあと選手離脱がどんどん続くことになるんですけどね（笑）。

ガンツ　いちばん新日本がヤバいときに入ったんですね。

リッキー　だから当時、一致団結みたいな形で箱根合宿があって、そこの写真にボクも写ってるんですけど。あの合宿自体、選手を辞めさせないために1カ所に集めたらしいですから（笑）。

玉袋　隔離政策だよ（笑）。

リッキー　とにかく次から次へといなくなっちゃうんで、その後は、若手が逃げないように藤波さんが道場に泊まりに来てましたからね。玄関の近くに布団を敷いて、夜中に出ていけないようにして（笑）。

ガンツ　ドラゴンが出口を封鎖してましたか（笑）。

玉袋　これが本当のドラゴンゲートだよ！

椎名　ちょっと前まで、自分もクーデターを起こそうとしてたのに（笑）。

ガンツ　新日本での新弟子生活っていうのはどうでした？

リッキー　もちろん練習はつらかったですけど、ちゃんとついてはいけましたね。ただ、練習生の分際で生意気なんですけど、UWFができたあとは、新日本にいながらそっちへの憧れが大きくなってしまって（笑）。

椎名　そこまで格闘技志向だったんですか（笑）。

リッキー　いまのボクのスタイルからは想像できないですけど、格闘技指向だったんですよ（笑）。だから練習と雑用に追われる生活をしながらも、ずっとモヤモヤした思いが残っていて。ただ、素顔時代のライガーさんにほぼ毎日スパーリングで稽古

をつけてもらって、ぐちゃぐちゃにされるんですけど、それが心の拠り所でしたね。ボクの両耳が潰れてるのは、ライガーさんとのスパーリングで潰されたものですから。

玉袋　UWF的な練習に飢えてたってことか～。

リッキー　それもありましたし、当時はコーチとしてドン荒川さんがいたんですけど、荒川さんがふざけたって言ったらおかしいんですけど、変わった練習をボクらにさせていて。

ガンツ　一列になってラインダンスとかやらされたんですよね（笑）。

椎名　早すぎたグレイシートレイン（笑）。

リッキー　それでライガーさんと小杉（俊二）さんが反旗を翻したというか、「俺たちで練習する」みたいな感じで（笑）。

ガンツ　荒川さんの言うとおりにやってられないと（笑）。

玉袋　ラインダンスじゃ強くなれねえもんな～。まあ、荒川さん自身は強いんだけどね（笑）。

リッキー　それでボクも小杉さん、ライガーさん方面に行って「すみません、練習お願いします！」って感じで一緒にやらせてもらいましたね。

椎名　ひょうきんさんに背を向けて、ストロングスタイルのほうに（笑）。

ガンツ　その後、新日本を辞めた理由も、ストロングスタイル志向が強すぎたからっていうのがあるんですか？

リッキー　それも理由のひとつですし。あとは毎日スパーリングをやって極められて、身体が動かなくなっちゃってたんですよ。それで練習生が練習できなきゃどうしようもないみたいな葛藤もあって。お世話になったライガーさんに置き手紙をして、夜逃げみたいな感じで辞めるんですけどね。

玉袋　だけど、憧れて入ったところを抜けるっていうのは、なかなかつらい決断だったんじゃないですか？

リッキー　ホントに断腸の思いでしたね。

玉袋　しばらく新日のテレビなんか観られないよ。同期が映ってたりするんだから。

椎名　新日を辞めたあと、ＵＷＦに入ろうとは思わなかったんですか？

リッキー　いや、新日を逃げたばかりだったので、入門を目指すよりカール・ゴッチの弟子になろうと思ったんですよ。それでカール・ゴッチがフロリダのタンパに住んでいるっていう情報だけを頼りに、お金を貯めてアメリカに飛んだんです。

玉袋　フロリダってかなり広いですよ（笑）。

ガンツ　面積でいうと、日本全土の半分くらいあるんですよね（笑）。

リッキー　まだ19のガキだったんで、そういうことがまったくわかってなかったんですよ（笑）。

玉袋　まあ、ネットもねえしな。

リッキー　だからカール・ゴッチの切り抜き写真を1枚持って「タンパに行けばなんとかなるだろう」と思って行っちゃったんです。で、着いたはいいんですけど、英語もしゃべれないので、ホテルも取れなくて、しょうがないからタクシー乗り場のベンチでひと晩明かして。そうしたら朝、黒人のタクシー運転手に起こされて、「どこに行きたいだ？」みたいなことを聞かれたんで、ポケットからゴッチさんの写真を出して「カール・ゴッチのとこに連れていってくれ」って（笑）。

「高野拳磁さんがわざわざカルガリーに行って、ボクのカナダ行きの話をつけてくれたらしいんですよね」（リッキー）

玉袋　当然、カール・ゴッチなんか知らないわけですよね？

リッキー　ゴッチは日本であれだけ有名なんだから、タンパに行けばみんな知ってるのかと思ったら知らないんですよ（笑）。

椎名　「誰だ、この爺さん？」って（笑）。

リッキー　それでも必死に「プロレス、プロレス！」って伝えたら、その運転手が親切な人で、空港中を駆けずり回って、いろんな人に聞いてくれて。そうしたらたまたま空港で働いてる人が、当時フロリダでプロモーターをやられていたデューク・ケオムカさんを知っていて、連絡を受けたデュークさんが空港まで迎えに来てくれたんです。

玉袋　えーっ、すごーい！

リッキー　それでデュークさんに「カール・ゴッチの弟子にな

りたくて日本から来た」っていう話したんですよ。デュークさんはカタコトの日本語がしゃべれたので。そうしたら「わかりました」って1週間ぐらい無料で家に泊めてくれたんです。

椎名　めちゃくちゃ親切な人ですね。

リッキー　本当にありがたい話で。で、デュークさんはとくに何も言わなかったんですけど、プロモーターをやられていたので、毎日プロレス会場に連れて行ってくれたんですよ。しかも、ちょうどフロリダマットが全盛だったみたいで。

ガンツ　NWAフロリダ最後の黄金期ぐらいですかね。

リッキー　だからリック・フレアー、ワフー・マクダニエル、ビリー・ジャック・ヘインズとか凄い選手たちが来ていて、毎回会場が熱狂しているわけですよ。そんな本場のアメリカン・プロレスを目の当たりにして「これこそがプロレスだ！」って、それまでのUWF、格闘技、サブミッションとかが全部吹っ飛んじゃったんです（笑）。

椎名　UWFからアメプロに一気に寝返っちゃったんですね（笑）。

玉袋　それぐれえの衝撃だったってことだよな。

リッキー　完全にアメリカンスタイルに感化されましたね。それがデュークさんもわかったんでしょうね。「ワタシが坂口さんに話しますから。日本に帰って、新日本に戻りなさい」って言ってくれて、「わかりました！」って。それで日本に帰ってきたんですけど、1回辞めたところに行くのはやっぱり行きづらかったんですよね。

ガンツ　簡単に出戻りが許されるような時代じゃないですもんね。

リッキー　そうなんですよ。それで「どうしようかな」って思っているとき、新日本にいた頃に凄くお世話になった高野拳磁さんがカルガリー・ハリケーンズというグループを作って独立されたんですよ。で、拳磁さんに「もう1回プロレスやりたいんです」って話したら「わかった。俺にまかせとけ」って言ってもらえて。ところが、待てど暮らせど連絡が来ないんです。そうこうしているうちに拳磁さんがミネアポリス遠征に出ちゃうんですよ。

椎名　さすが高野拳磁（笑）。

リッキー　それで「うわ〜、どうしよう。拳磁さんもいなくなって、プロレスラーになる道がなくなっちゃったぞ」と思ってたんですけど、ある日突然、拳磁さんから国際電話がかかってきて。「いまから言う番号に電話をしろ。カナダの安達（勝治＝ミスター・ヒト）さんのところだから。全部話をつけてあるからそこに行ってこい」って言われて。それで半信半疑で電話をしたら、ミスター・ヒトさんが「全部聞いてるからいつでもおいで！」って言ってくれて、それでカナダに行けることになったんですよ。

玉袋　すげえな〜。

椎名　いつもそう思うんだけど、行動を起こす人には何か奇跡みたいなことが起こるんだよね。

リッキー　あとから聞いた話だと、拳磁さんはミネアポリスに行く前にわざわざカルガリーに寄って、ボクの話をつけてくれたらしいんですよね。

椎名　いいところあるんですね。

リッキー　だからこの業界で拳磁さんを悪く言う人もけっこういますけど、ボクにとっては大恩人なんです。

玉袋　ピザーラじゃなくて、リッキーさんをカナダにお届けしてくれたわけだもんな（笑）。

リッキー　それでカルガリーに行ったら、ちょうど馳（浩）さんがいらっしゃったんですよ。

玉袋　おー、ベトコン・エキスプレスか。

ガンツ　日本デビュー前の馳さんですよね。

リッキー　それで安達さん宅のベースメント（地下階）で馳さんと共同生活しながら、安達さんと3人で毎日練習して。そろそろデビューという時期に、ボクは倒れて開頭手術を受けて、一時生死の境をさまよったんです。

玉袋　何があったんですか？

リッキー　急激に身体を大きくして、有酸素運動的なこともやってなかったんで脳の血管が切れてしまったんです。練習中に倒れたんですけど、安達さんは何が起こったかわからないから「大丈夫か！　大丈夫か！」ってボクをずいぶん揺すったみたいで、それを馳さんが「揺すっちゃダメです！」って制してくれたらしいです（笑）。

玉袋　あぶねえな〜。

椎名　元・高校教師の馳さんがいてよかったですね（笑）。

リッキー　だから馳さんもボクの命の恩人なんですよね（笑）。

玉袋　その馳さんもバックドロップで死にかけたからな。プロレスは凄い商売だよ。

「橋本真也さんは安達さんを父のように慕ってはいたけど、プロレスでは全然染まらなかったんですね」（ガンツ）

リッキー　それで退院後にリハビリを続けて、そろそろ本格的な練習に戻ろうとしたときにイギリスからライガーさんが来られて。今度はボクと師匠、ライガーさんの3人で練習するようになったんですけど、そうしたらまた同じ症状で倒れちゃったんですよ。さすがにそのときは師匠も前回と同じだってことで揺すらなかったんですけどね（笑）。

玉袋　怖いなあ〜。

ガンツ　でも2回も倒れたら、「もう日本に帰ろう」ってならなかったんですか？

リッキー　いや、それはなかったですね。それこそ新日本を逃げて、フロリダに行ってもカール・ゴッチの弟子になれなくて、ようやくカナダに来れたのに、ここでプロレスラーになれなかったら、もう人生終わりだと思ってましたからね。

玉袋　背水の陣だったんだな。

ガンツ　新日道場時代の先輩であるライガーさんとは、カナダではどんな関係だったんですか？

リッキー　これがまたおもしろい話で。カナダに来てからしばらくは、なぜかライガーさんはボクに対しても敬語だったんですよ。だから「先輩後輩の関係じゃなくなると、こういう丁寧な人なのかな？」と思ってたんですけど、1週間ぐらいしたらいつものあの調子に戻ってて。「あれ、敬語じゃないんですか？」って言ったら「バカ野郎！　イギリスで英語しかしゃべってなかったから、日本語の使い方を忘れたんだよ！　なんで俺がおまえなんかに敬語使わなきゃいけないんだ！」って言って（笑）。

玉袋　おもしれえな〜。師匠である安達さんはどうでしたか？

リッキー　いや、ボクは本当に安達さんに教われてよかったなって思いますね。それこそ馳さんもイチから安達さんに教わって、あそこまでになりましたから。

玉袋　やっぱり安達さんは凄いってみんな言うんだよな。

リッキー　ライガーさんだってそうですしね。ただ、そのあと橋本（真也）さんも3カ月ぐらいカルガリーにいて、それから日本に帰ったんですけど、そのとき安達さんがボソッと言ったのが「彼はとうとうアメリカンスタイルを覚えないで帰っちゃったな……」って（笑）。

椎名　ハシフ・カーンの時代ですよね（笑）。

ガンツ　橋本さんは安達さんを父のように慕ってはいたけど、プロレスは全然染まらなかったんですね。まあ、試合を干されてスズメを撃って食べてたぐらいですからね（笑）。

リッキー　安達さんがボソッと言ったあの一言が忘れられないですよ（笑）。
ガンツ　でも当時のカルガリーは本当におもしろいメンバーが揃ってたんですね。向こうでもみんなでワイワイやっていた感じですか？
リッキー　そんな感じですね。ボクと馳さん、ライガーさんが同時期にいましたし、当時ジャパンプロレスにいた笹崎（伸司）さんも一緒にいらっしゃって。ライガーさんはあんな感じでイタズラばっかりで。
椎名　ライガーさん、「カルガリーは新日本の合宿所みたいで楽しかった」って言ってましたよ（笑）。
ガンツ　あとデビル雅美さんも一時期、カルガリーにいたんですよね？
リッキー　ああ、デビルさんも来ましたね。小松美加さんと一緒に。長与千種さんも一度来てますし。
玉袋　それは松永（高司）会長が「行ってこい」って言ったのかな？
ガンツ　いや、デビルさんはもう引退勧告をされていて、「辞める前に好きなことやらせてください」って感じでカルガリーに行ったみたいですよ。それで小松美加さんがお付きみたいな感じで。
リッキー　ああ、そうだったんですね。デビルさんはやさしい人でしたね。

玉袋　やさしそうだよな。
椎名　日本のお母さんみたいな感じですよね。
ガンツ　デビルさんも当時はまだ20代半ばくらいですからね。
玉袋　ああ、全女の25歳定年制だからそれくれえか。
ガンツ　でも中卒で始めているからもう10年選手で、貫禄十分でしたよね。
玉袋　そうなんだよな。すげえ大人に見えたよ。
リッキー　デビルさんの試合はカナダでもウケてましたね。やっぱり表情を作るのとかもうまいですし。
ガンツ　デビルさんはそのカナダ遠征でまたプロレスに開眼して、全女を退団したあとにジャパン女子で現役続行したんですよね。
玉袋　そういうことだったんだ。

「タイガーマスクをかぶってたら、子どもに『おまえはあのダイナマイト・キッドと試合をしたタイガーマスクか?』って（笑）」（リッキー）

リッキー　安達さんがまた教えるのがうまいから、デビルさんも自分がいままで知らなかったプロレスを知ったんですよね。
玉袋　いいな〜。ホントに安達さんって名伯楽だよね。酒癖の悪さで定評がある大剛鉄之助とはえらい違いだよ（笑）。
リッキー　安達さんは外国人レスラーにもたくさん教えてますからね。それこそブレット・ハートなんかも安達さんが教えてますから。
椎名　ブレット・ハートなんて世界一のレスラーですもんね。
リッキー　当時WWFでやっていたブレッドがたまにカルガリーに帰ってくるんですよ。それでブレットと初めて会ったとき、「いまミスター・ヒトに教えてもらってる」って話をしたら、ブレットが「俺もミスター・ヒトに教わったんだ。兄弟弟子みたいなもんだな!」って（笑）。
玉袋　それはうれしいね〜。
リッキー　まあ、カッコイイですよ、ブレット（笑）。
玉袋　安達一門だよ。昔『週刊ファイト』で「カルガリーに来た若者たち」っていう安達さんの連載があって、俺はあれを読むのがすげえ好きだったもん。安達さんの文章もおもしろいんだよな。ダメなヤツはダメだってハッキリ書くし、デキる人のことはちゃんと褒めるしさ。
ガンツ　リッキーさんがいた頃って、カルガリーがよかった最後の時代ですよね?
リッキー　そうですね。オーエン・ハートがデビューしてガーッと人気が出た頃ですから。あとはブライアン・ピルマン、クリス・ベノワ、ジョニー・スミスもいましたしね。
椎名　その頃、リッキーさんはもうロックンローラースタイルだったんですか?
リッキー　いや、違います。その頃はマスクマンだったんですよ。ボクはタイガーマスクでデビューしたんで（笑）。

椎名　えーっ、そうなんですか⁉

ガンツ　タイガージム時代の師匠からキャラをもらっちゃったと（笑）。

椎名　なんで、タイガーマスクになったんですか？

リッキー　開頭手術して1年ちょっと経ってから医師からOKが出たんで、当時ブッカーだったブルース・ハートに「試合ができるから組んでくれ」って言ったんですよ。それでいざデビューというときに、ブルース・ハートから「タイガーマスクをやってくれ」って言われたんですよ。「俺、あんなには飛べないよ」って言ったんですけど、「いや、背格好が似てるし、日本人だからいいだろ。やってくれ」って。

ガンツ　背格好が似てるって、そんな理由ですか（笑）。

リッキー　それで慌てて日本に電話をしてマスクを作ってもらって。ちょうどデビルさんたちがカルガリーに来るときだったんで、小松美加さんにマスクを持ってきてもらったんですよ（笑）。

玉袋　運び屋だ（笑）。

リッキー　「なんか『これ持っていけ』って言われたんですけど……」って（笑）。

ガンツ　佐山さんのマスクとはちょっと違うんですか？

リッキー　ボクの場合はシルバーに黒の柄でしたね。

玉袋　ブラックタイガーみたいだな。

椎名　でもタイガーマスクって、非常にパテントが厳しいって聞くんですけど（笑）。

玉袋　真樹日佐夫先生とか梶原プロモーションとかな（笑）。

リッキー　まあ、海外だったので大丈夫でしたね（笑）。それでデビュー戦は勝ったんですけど、2戦目からけっこう負け続けて、ある日地方に行ったらちっちゃい子どもに「おまえはあのダイナマイト・キッドと試合をしたタイガーマスクか？」って言われて。

ガンツ　子どもに怪しまれたわけですか（笑）。

リッキー　タイガーマスクなのに負け続けていたし、さすがにウソつけないと思って「いや、じつは違うんだ。同じ組織から来た、違うタイガーマスクなんだ」って言って（笑）。

椎名　虎の穴から送り込まれたんだと（笑）。

リッキー　そこから「やっぱりタイガーマスクの名前は使えないな」と思って、プロモーターに「マスクはそのままでいいから、名前だけでも変えてくれ」って言ったら、ある日突然「ブラック・トムキャット」って名前に変わってたんですよ。

ガンツ　急にトラからネコになって（笑）。

リッキー　そこからは開き直って、竹刀を持って暴れまわるスタイルに変わりましたね。

玉袋　タイガーマスクから、マスクを被った上田馬之助になったわけか（笑）。

椎名　馬カラス的な（笑）。

リッキー　それでブラック・トムキャットとして地方を回った

りしてたんですけど、そのときに一緒になったのがデビュー前のゲーリー・オブライトだったんですよ。

「マグニフィセント・ミミが来たとき、客が『レフェリー！　前が膨らんでるぞ！』ってヤジって『週刊文春』の記事になったんだよ（笑）」（玉袋）

玉袋　おー、Uインターのオブライトですか。

椎名　それで彼と一緒に練習するようになって。オブライトは全米アマレスチャンピオンになるくらい凄いヤツで練習熱心だったんですけど、当時はプロレスをまったくわかってなかったんですよ。で、ボクは安達さんから教わってある程度わかってたんで、調子こいてボクがゲーリーにプロレスを教えてたんですよ。

ガンツ　オブライトに基礎をたたき込みましたか（笑）。

リッキー　「おまえは身体がデカいんだから、もっと大きく見せる動きや技を使ったほうがいいぞ」とか偉そうにアドバイスして（笑）。そうしたら数年後、ゲーリーがUインターに初来日したとき、「凄いヤツが来る」ってことで来日記者会見をやったらしいんですよ。そこで記者に「プロフィールを教えてください」って聞かれたとき、「全米アマレスチャンピオンで、プロレスデビューしたのはカナダのカルガリー。俺にプロレスを教えてくれたのは、いまFMWにいるリッキー・フジだ」って言ったら、記者に「ごめんなさい。それはちょっと書けません」って言われたらしいです（笑）。

玉袋　ガハハハハ！　ゲーリーも義理堅いね～（笑）。

ガンツ　Uインター最強ガイジンとして来日したのに、師匠がFMWのリッキー・フジじゃまずいわけですね（笑）。

リッキー　「せっかくおまえの名前を出したのに『使えない』って言われた」ってゲーリー本人から聞きましたから（笑）。

ガンツ　FMWにはどういういきさつで入ることになったんですか？

リッキー　カルガリーにいるときも日本からプロレス雑誌をちょこちょこ送ってもらっていたので、FMWという団体が旗揚げして、有刺鉄線デスマッチをやってるってことは知ってたんですよ。そうしたらある日、ボクが日本でお世話になっていた人から電話がかかってきて「FMWという団体ができたから、一度帰ってこい。俺が話をしてやるから」って言われたんです。その人は栗栖正伸さんの知り合いでもあって、ボクも新日道場時代に面識があった栗栖さんもFMWに上がるっていうから、「じゃあ、とりあえず一度日本に帰ります」って言って帰ったんですね。それで大仁田さんと話をして出ることになって。

ガンツ　それまで日本にFMWみたいな団体はなかったじゃないですか。実際に上がってみてどうでしたか？

リッキー　おもしろい団体だなって思いましたね。最初、大仁田さんに挨拶に行ったのはFMWの後楽園ホールだったんですけど、ちょうどそのとき、工藤めぐみたちが乱入した大会だったんですよ。

玉袋　天田麗文が来たときか。

リッキー　あと、まだコンバット豊田じゃなかったけど豊田と工藤の3人が乱入して「何が起こってるんだ?」って思いながら（笑）。

玉袋　俺、それ観に行ってたわ（笑）。

リッキー　玉さんも同じ会場にいたんですね。

玉袋　いたんですよ。初期FMWはけっこう行ってたもん。

リッキー　それで工藤たちが乱入して引き揚げたあと、大仁田さんが出てきてマイクで「いま、どこの誰だかわからないヤツが入ってきましたけど」って言ったら、客が「ウソつけー!」って（笑）。

ガンツ　客層がすれっからしのマニアだらけだったんですよね（笑）。

玉袋　とくにFMW初期はそうだったんだよ。

リッキー　だから初期は本当にヤジが凄かったんですよ。

玉袋　だってさ、マグニフィセント・ミミが来たとき、客が「レフェリー!　前が膨らんでるぞ!」ってヤジってて、それが『週刊文春』の記事になったんだから（笑）。

リッキー　ちょうどミミが来たときのシリーズですよね。

玉袋　そう。だから俺も行ってるんだよ。リー・ガクスーとかオヤジとか出ててさ。

ガンツ　リー・ガクスーのマネージャーですよね。名前がわからないから、客が勝手に「オヤジ」って呼んでて（笑）。

玉袋　なぜか知らないけど「オヤジコール」とかあってな（笑）。

リッキー　オヤジコールがありましたねえ（笑）。

「グラジエーターの存在感でFMWがナメられなくなった感がありましたよね。飛ぶハルク・ホーガンみたいな感じで」（椎名）

椎名　当時の後楽園は満員だったんですか?

玉袋　それが満員だったんだよ。

リッキー　満員ではありましたけど、冷やかし半分の客もたくさんいたんですよ。

玉袋　そこで大仁田さんが邪道に振り切ったところから、人気が爆発するわけですよね。

リッキー　お客さんの反応が変わったのは、後楽園の2階バルコニーからひどいヤジを飛ばしていた客に対して、大仁田さんがマイクを投げつけたことがあったんですよ。

玉袋　あー、あったなあ。

リッキー　それがニュースになって、そこから変わりましたね。

椎名　要するに素で勝負し出したってことですよね。

ガンツ　選手をひたすらバカにするヤジを飛ばしてた、タチの悪いお客に対して本気でキレたことで、逆にカリスマ化したん

ですよね。
玉袋　そうそう。ＦＭＷの若え選手たちが一生懸命やってるのに、見下して、バカにしてたヤツらがいたんだよ。
ガンツ　そこで大仁田さんがお客を敵に回す覚悟で怒ったら、ヤジを不快に思っていたほかのお客が支持して、ヤジの主に対して「帰れコール」が起こって、モノが飛び交うという（笑）。
玉袋　あったあった（笑）。
椎名　カオスですね。渾然一体となっていて、おもしろい時代だなって。
ガンツ　リッキーさんも、そんなＦＭＷにハマッていったわけですか？
リッキー　いやもう、ハマりましたね。
椎名　どこでロックンローラーになったんですか？
リッキー　ロックはもともと好きだったんで、ＦＭＷに入ってちょっとしてからすぐですよね。自分の好きな感じで髪の毛を伸ばしてやりたいようにやって。ただ、時代的に最初の頃は「あの野郎、チャラチャラして」っていう批判を受けてたんですよ。でも大仁田さんだけは「リッキー、いいから気にするな。もっと派手にやれ」って言ってくれて。
ガンツ　リッキーさんのスタイルのモチーフは、やっぱりロックンロール・エクスプレスとか、ショーン・マイケルズが若手時代に組んでいたザ・ロッカーズだったりするんですか？
リッキー　あまり自分で意識したことはないですね。ただ自分がロック好きなんでそれでやってたら、「あっ、なんか似たようなのがいるな」ってあとから気づいて（笑）。
椎名　「やべえ、パクりだと思われる」みたいな（笑）。
リッキー　ロックンロール・エクスプレスは、のちにＦＭＷにも来ましたからね。ボクも何度も組みましたし。そういえば、こないだロバート・ギブソンからフェイスブックで友達申請が来ましたからね。「いいよ」って（笑）。
玉袋　ＦＭＷはガイジンもよかったんだよな。グラジエーターとか俺は好きだったよ。
椎名　グラジエーターの存在感があって、ＦＭＷがナメられなくなった感がありましたよね。新しい感じがしたし。飛ぶハルク・ホーガンみたいな感じで。
リッキー　だからグラジと（ビッグ・）タイトンなんて、世界で似たようなヤツがよく2人もいたなって（笑）。
ガンツ　グラジ&タイトンは、本当にどこに出しても恥ずかしくない、90年代を代表する大型タッグチームでしたよね。
リッキー　あの巨体でトップロープノータッチトペとか、なんでもできましたからね。
ガンツ　ＦＭＷはいろんな選手を発掘しましたけど、ブッキングは誰がやってたんですか？
リッキー　初期の頃は（ターザン）後藤さんの奥さんですね。
ガンツ　えーっ!?　デスピナさんですか？
リッキー　そうです。デスピナさんがやってたんです。

玉袋　デスピナ・マンタガスが。

リッキー　だからグラジみたいなのを呼ぶ一方で、とんだ一杯食わせ者もたくさん来たんですよ（笑）。

ガンツ　でも、それもまたよかったんですよね（笑）。

玉袋　そう、ハズレがあるのがいいんだよ！

リッキー　ハズレでおもしろかったのが、「凄い空手家が来る！」っていう触れ込みで、いきなり札幌中島体育センターのメインに組んだヤツがいたんですよ。コディ・テンプレトンとレイ・バレラっていう。

玉袋　いたな～！　レイ・バレラ！（笑）。

リッキー　当時は映像も何も情報がなくて、当日会場に入るってことだったんで、ホントにどんなヤツなのかみんな知らなくて。いざ入場してきたら白ヒゲのジジイと、細くて弱そうなヤツが出てきて（笑）。

ガンツ　ちっちゃいジジイとひょろっとしたヤツで（笑）。

リッキー　そうしたら控室から、その様子を覗いていた大仁田さんが「おい！　ジジイじぇねえかよ！」って焦りながら怒り出して（笑）。

ガンツ　ビッグマッチで使えねえだろと（笑）。

リッキー　そうそう（笑）。

玉袋　あれは伝説だよ。

ガンツ　週プロに「史上最弱の空手家」って書かれて、逆に巡業中、人気が出ちゃったという（笑）。

リッキー　あの頃はホントに来てみるまで、どんなヤツかわからなかったですからね。

「ベリチェフにドロップキックをやったら2メートルくらい吹っ飛んで。『おい、受け身ができるよ！』って（笑）」（リッキー）

玉袋　あと当時、キックボクサーの上田勝次さんもいましたけど、上田さんはどういう人でしたか？

リッキー　なんか天然の人でしたね。凄く気がやさしい人ですけどね。

椎名　めちゃくちゃ強そうな感じがしましたよ。

リッキー　強いですよ、ホントに。

ガンツ　あの人はなんでＦＭＷに来たんですかね？

玉袋　その前はたしか肉体労働者をやってたんだよ。で、キック時代にケンカに巻き込まれたとかで、ヒジ打ちで人を殺めちゃったことがあったりしてさ。

リッキー　あっ、そうだったんですか。

玉袋　そうなんだよ。だけど俺は上田さんは好きだったよ。あのモジャモジャパーマが。

ガンツ　昭和のキックボクサー感がありましたよね。一度ムエタイの選手と本当のムエタイの試合をＦＭＷの横浜スタジアムでやってるんですよね。50近くの年齢で。

リッキー　当時のFMWで凄かったのが、そんな上田さんと柔道のメダリストの（グレゴリー・）ベリチェフが普通に試合をしてたっていう（笑）。

ガンツ　さらに元ボクシング世界ヘビー級王者のレオン・スピンクスまでいて（笑）。

リッキー　かと思えば、ベリチェフがバギーパンツを穿いてストリートファイトをやったりね（笑）。

玉袋　ストリートファイトマッチは、なぜかバギーパンツだったんだよな（笑）。

ガンツ　ベリチェフは凄くよかったですよね。プロレスに順応してて。

玉袋　（グンダレンコ・）テレチコワかベリチェフかっていうくらいにな。

リッキー　そういう初来日の外国人と最初に当てられるのは、たいていボクだったんですよ。

椎名　ポリスマンだ（笑）。

玉袋　安達一門で、基礎を知ってるからね（笑）。

椎名　ゲーリー・オブライトの師匠だし（笑）。

リッキー　力量を見るというか、相手の技を出させてどんな感じなのかなって。だから初来日の相手とボクが当たって、それを控室の窓から大仁田さんと後藤さんが見てるんですよ（笑）。

玉袋　実力査定係だな。

リッキー　それでベリチェフの初戦の相手もボクだったんです

よ。情報としては柔道のメダリストで、身体が大きいってことだけ聞いていて。実際にリングで向かい合ったら、ホントにこんな見上げる感じなんですよ。「やっべえな、どうしようかな……」って思って、ゴングが鳴ってとりあえずドロップキックをバーンとやったら2メートルくらい吹っ飛んで「おい、コイツ、受け身ができるよ！」って（笑）。

椎名　ベリチェフは最初から才能があったんだね。

ガンツ　だからベリチェフはタッグリーグではザ・シークとも当たってましたもんね。

玉袋　シークも来てたもんな。

リッキー　シークにはホントにお世話になりましたね。当時、ボクは「チーム・カナダ」としてやっていて外国人側で移動してたんで。そうしたらサブゥーがいつもシークの世話をしてるんですよ。付き人みたいにホテルに着いたらシークのカバンを持ったりとかしてて。それでボクもサブゥーひとりでかわいそうだから一緒に手伝って、俺らは「シーク係」（飼育係）って呼ばれたんですけどね（笑）。

玉袋　うまい！（笑）。

リッキー　そうしたらシークもボクらを凄くかわいがってくれて、「プロとはどういうものか」っていうのを教えてくれたりとかしたんですよ。

玉袋　シークだって、デトロイトのテリトリーを持っていたボスだからね。

ガンツ　ブッチャーやタイガー・ジェット・シンのモチーフになった、超一流のヒールですよね。

リッキー　ある日、ツアーが終わって帰るときに「リッキー、足の形を紙に書いて取れ！」って言うんで、なんのことかわからないけど俺が紙に取ってそれを渡したら、次のシリーズで立派なカウボーイブーツを作ってきてくれて（笑）。

玉袋　かっけー！　いい話だよ。

椎名　シークはやさしいんですね。

ガンツ　FMWが人気の出たあと、同じデスマッチ路線のW☆INGが出てきたじゃないですか。あれはやっぱ意識しましたか？

リッキー　多少は意識しましたね。

玉袋　ミスター・デンジャー（松永光弘）がバルコニーダイブをやって話題になったりとか、ヘッドハンターズみたいないい選手がいたり。あっちはあっちで盛り上がってたもんな。

ガンツ　大仁田さんはピリピリしてたんじゃないですか？

リッキー　ピリピリしていたし、ホントに険悪な時代があって。それこそいまじゃ考えられないですけど、「松永が大仁田さんを襲いに来る」みたいな話があって。結局ガセだったんですけど、大仁田さんは警戒してボディガードをつけてましたからね。

椎名　松永さんだったらやりかねない感じがしちゃうもんね（笑）。

玉袋　もともとは寛水流だからな。

「まさか汚ねえ焼き鳥屋で再会するとは思わなかったよ。まあ、この俺たちも鳥料理のスープのように煮込まれていい出汁が出てきたってことで」（玉袋）

リッキー　それでボディガードとして使ってたのが、じつはシークとサブゥーなんですよ。シークは常にナイフを隠し持ってますし、サブゥーはホントにケンカっ早いし。

玉袋　サブゥーもホントにいいレスラーだったよな。見ていて切なくなるくらいのハードな受け身を取っててさ。カクタス・ジャックとサブゥーは双璧だよ。

椎名　ツートップですよね。胸にせまるというか。

ガンツ　ああいう選手はほかの団体では出てこないですよね。

リッキー　だから、みんなをうまく活かせたのがＦＭＷなんでしょうね。サブゥーにしろタイトンにしろ、ＦＭＷではあんなに光ってたのに、そのあと新日本に行ったら鳴かず飛ばずで。

ガンツ　90年代は全日本すら、四天王プロレスについてこられない選手はダメみたいになっちゃって、多様性がなくなってたんですよね。

玉袋　言えてる！

ガンツ　その点、ＦＭＷは超多様性だったから。

リッキー　だって、日によっちゃ空手家とやらされ、キックボクサーとやらされですからね（笑）。

椎名　そう考えると、いまだってブレイクする方法があるような気がするね。いまはもう、新日本をはじめとして完全に型にハマッたプロレスばかりだもん。

玉袋　そうだよな。当時のＦＭＷってお祭りの縁日と一緒なんだよな。チョコバナナがあったり、あんず飴とかさ、その中に見世物小屋があってみたいな、そのテキ屋臭が俺は凄い好きだったんだよ。

リッキー　ホントにテキ屋ですよね（笑）。

ガンツ　それがおそらく本来のプロレスなんでしょうね。

リッキー　そうですね。ボクはフロリダでそれを感じたんですよ。「本来、プロレスはそういうものなんだ」っていう。だからＵＷＦが人気の頃って、変な話、お客が声を出しちゃいけないみたいな雰囲気があったじゃないですか。

椎名　声を出さない自分に酔ってましたからね（笑）。

リッキー　だから「プロレスはもっと自由でいい」っていうのを大仁田さんが広めてくれたと思います。

ガンツ　大仁田さんなくして、インディーがあんなに花開いた多団体時代はなかったと思いますもんね。

リッキー　そうですね。いろんなインディーができたのはＦＭＷが成功したおかげですから。

ガンツ　リッキーさん自身、ＦＭＷがなかったらこういう形で日本に定着することはなかったかもしれないですよね？

リッキー　なかったですね。ボクはホントにカナダに永住しようと思ってましたから。だから90年に日本に帰ってきたときも

ガイジンレスラーみたいな感じで、シリーズが終わったらカナダに帰ろうと思ってたんですよ。それがもう30年も日本に居続けちゃったんですけど（笑）。

玉袋　だからプロレスって、ホントに人生を巻き込んだドラマを見せてくれるんだよな。そこにファンがしびれるというかさ。

椎名　でもリッキーさんがＦＭＷに出てから、もう30年になるんですね。

リッキー　そうですね。１９９０年に日本に帰ってきてますから30年ですね。それで翌１９９１年に鳥栖で玉さんと会ってますから。

玉袋　その何十年前に会った人と、この中野の汚ねえ焼き鳥屋で再会するとは思わなかったよ（笑）。まあ、この鳥料理のスープのように俺たちも煮込まれていい出汁が出てきたってことでいいや。

ガンツ　リッキーさんは来年、日本デビュー30周年で何か考えてたりしないんですか？

リッキー　何かやりたいですね。ボクは１９９０年に日本に帰ってきて以来、ずっとカナダで生まれたリッキー・フジのジャパンツアーの最中だと思ってるんですよ。だから来年は『リッキー・フジ・ジャパンツアー30周年』なんで（笑）。

玉袋　長いジャパンツアーだよ。ベンチャーズかリッキー・フジかってくらいだからな（笑）。じゃあリッキーさん、今日はありがとうございました！

自己投影観戦記
～できれば強くなりたかった～

第94回　でもこんな2020年カレンダーならほしい

椎名基樹

　私はこの年末、心に決めたのである。もうカレンダーは今年でやめにすると。2019年度のカレンダーは「ムンクカレンダー」だった。そうあの「叫び」で有名な画家のムンクだ。今年の初頭に上野であった『ムンク展』で購入した。件の「叫び」が、もちろん目玉の絵画展だ。

　絵画展など初体験だったかもしれない。いや、本誌でお馴染みの五木田智央画伯や友人のイラストレーターの個展には行ったことはあるが、『ムンク展』のように「あの有名絵画が海の向こうからやって来るぜ！」的な、ある種のメジャー興行には行った記憶がない。私はかくたる理由もなしに「叫び」を鑑賞しに行ったのだった。純血を捧げる相手として「叫び」が適当だと思ったのかもしれない。なんだか、あの方ユニークだし。なんせ有名じゃん。ちょっと不良っぽいところも、初めての相手に丁度いい気がしたのかも。

　そして知ったのだが、こういった類いの絵画展って最低だね。二度と行きたくないや。皆のお目当ての「叫び」の展示前では幾人ものスタッフが大声で「立ち止まらないでください！」と叫び、やたらと仕切っていて、うるせーうるせー。たしかにこちとら、絵画を鑑賞するなんていう、素養も育ちのよさも持ち合わせていないが、これじゃ芸術を見るって雰囲気じゃないだろ。大体、みんなガキじゃないんだから仕切らなくたって問題なぞ起こらないよ。そもそも素養がないんだから、絵画なぞ、そう長く見続けていられっか！

「これだから日本人は！」などと憤慨しつつ、しかし出口にあるグッズショップでは大興奮してつい大量購入。支払いのときに青ざめるという、じつに典型的な「日本人のお客様」になっているのが間抜けだ。そうして手に入れたのが件の「ムンクカレンダー」である。

　かくして、1年間このカレンダーと共に過ごしたわけであるが、この「ムンクカレンダー」、すこぶるつまらないのであった。12月の絵画が「叫び」であり、それを目指してたびたび半月以上もめくるのを忘れつつ、なんとか最後までたどり着いた次第。

　カレンダーを使用する習慣は上京以降、少なくとも20年は続いていると思う。昔は今日が何日か何曜日か知るという、カレンダーの元来的な機能を利用していたが、携帯電話、とくにスマホになってからは、カレンダーはただめくって楽しむ、ささやかな気分転換の道具となっている。月1の紙芝居式エンターテインメントだ。

そのエンターテインメントとして「絵画」はあまりに高尚なのだ。「ムンクカレンダー」によって気づかされたのだ。カレンダーには俗っぽさが必要だと。思えば2018年度のカレンダーは「大相撲カレンダー」であった（笑）。初場所で購入したのだ。もう毎月めくるのが楽しい、楽しい。すでに解雇されていた日馬富士の不知火型の土俵入りが1月を飾り、皮肉にもその写真は圧倒的な迫力で他の力士を圧していた。

新日本プロレス、ノア、ドラゴンゲートなど、プロレス団体ももちろん2020年度のカレンダーを発売している。購入したファンは毎月めくるのが楽しみだろう。さらにメルカリを調べてみたら「ルチャリブレ2020年カレンダー」が出品されていてすでに「SOLD」のマークがついている。1月&2月が「クンフー」、3月&4月が「ソリタリオ」、5月&6月が「ビジャノ3」、7月&8月が「マスカラス」、9月&10月が「ペロ・アグアヨ」、11月&12月が「ウラカン・ラミレス」（渋い！）。700円で商談成立しているので、いいタイミングで見ていたら買ってしまった確率高し。やばいやばい。

昭和新日カレンダーがあったら買ってしまうかもしれない。出演者は、藤波、長州、前田、タイガーマスク、坂口、キラー・カーン、マサ斎藤、小林邦昭、藤原、ヒロ斉藤、馬之介あたりか、そして12月を飾るのは、アントニオ猪木の卍固めのショット！　これは毎月めくるのが楽しみだ。しかし、部屋のおしゃれ度は格段と落ちるだろう！

多少、ほんの多少であるが、ガイジンレスラーカレンダーならおしゃれ度が保てるはずだ。ハンセン、アンドレ、ホーガン、レイス、ブッチャー、シン、マスカラス、ウォリアーズ、キッド、ベイダー、ファンクスあたりが妥当か。そして12月を飾るのは、ブロディのキングコングニーのショット希望！　メジャーどころだと上記になるが私個人としてスヌーカとアドニス、マードック、ビガロは外せない。悩むところだ。

と、幼稚な妄想に溺れてみたら意外に楽しくて止まらなかったりするが、冒頭に宣言した通り、私は2019年度をもってカレンダーを卒業する。エコロジーを声高に主張するつもりはないが、カレンダーは、とくに今年使用した「ムンクカレンダー」は紙の質が非常に高く、毎月、言わば捨てるため、切断するたびに、罪悪感を感じた。スマホのカレンダーアプリは非常に使い勝手がよく（私はヤフーカレンダー使用）、重要な予定、いやさほど重要でもない「アーセナル対アストン・ヴィラの放送始まりますよ」などという些末なお知らせも健気に伝えてくれる。カレンダーはいらない。

個人的に、平成を紙の壁掛けカレンダーを使用した最後の時代とするのもキリがよくていいではないか。ところで「ムンク」のノルウェー語のスペルは「Munch」であることを展覧会で知った。英語なら「マンチ」ではないか。「叫び」のあの男の苦悩は、スナック菓子を食べることを止められない自分に恐怖して頭を抱えているのだろう。

 椎名基樹（しいな・もとき）1968年4月11日生まれ／放送作家／コラムニスト

〝活字プロ野球の雄〟がついに『KAMINOGE』登場！　俺たちはファミリーだ‼

中溝康隆

［『プロ野球死亡遊戯』］

「プロレスもプロ野球も終わりのない大河ドラマであり、卒業できないジャンルですから、くたばるまでずっと見ていきたいなって思う。原辰徳が最後にどう落とし前をつけるのか、いまだ読めないですからね」

収録日：2019年12月8日
試合写真：笹井タカマサ
撮影＆聞き手：堀江ガンツ

中溝康隆
原
辰徳に憧れて
タツノリを
"お前さん"
に届けたい

「ライター空白世代なので、これはがんばれば新闘魂三銃士みたいになれるんじゃないかと」

——中溝さんは『KAMINOGE』初登場ですけど、初対面ではなく以前一度お会いしてるんですよね。

中溝 そうですね。『プロレス取調室』の書泉ブックタワーのイベントで。

——わざわざボクと玉さん、椎名さんとの変態座談会トークイベントに来ていただいて（笑）。

中溝 あの本も俺、全部買ってるんで。『KAMINOGE』もずっと買ってますからね。創刊号から（甲本）ヒロトが出てたじゃないですか。クロマニヨンズも超好きなんで「いったいいつ俺に来てくれるのかな」って思ってたら、ようやく来たなと（笑）。

——お待たせしました、お待たせしすぎたかもしれません（笑）。

中溝 だって俺、普通に『KAMINOGE』の感想ハガキを書いて送ってましたから。名前の欄に「プロ野球死亡遊戯」って書いて（笑）。

——そんなわかりやすいメッセージを発していましたか（笑）。

中溝 「俺は見てるぞ」っていうのをアピールしましたからね。プロのライターとしてデビューして5年目ですけど、今回『KAMINOGE』に出られたのが一番うれしいかもしれないです（笑）。

——いやいや（笑）。『プロ野球死亡遊戯』こそ、いまやナンバーワン野球活字ですから、こちらこそよろしくお願いします！『KAMINOGE』はボクが73年生まれ、井上編集長が72年生まれなんですけど、中溝さんはちょっと下ですよね？

中溝 俺は79年生まれなんで、ガンツさんや吉田豪さんとか、自分が好きなライターさんがだいたい10歳近く齢上なんですよ。自分たちの世代ってライター空白世代というか、谷間の世代みたいな感じで。だからガンツさんや豪さんはあこがれのお兄さん的な感じで見てましたね。

——2000年代前半までは、まだ雑誌媒体もたくさんありましたしね。

中溝 それで自分たちの世代はだいたい2000年前後に就職してるので、そこでライターになってる人は最後の紙媒体時代に間に合ってるんですけど。自分みたいにデザイナーとして就職したりワンクッション入れちゃうと、もう書き手になるツテがほぼないという。

——世代的にライターになりたくてもなりにくかったわけですね。

中溝 昔はたくさんあったエロ本的な雑誌がなくなって、新しい書き手が出る土壌がまったくなかったんです。だから俺は登竜門的な感じでブログを選んだんで、世代的には変わり目ですよね。

——でも、その難しい時代によくライターになろうと思いま

したね。

中溝　出方が少ないということは、ライバルも少ないだろうと思ったんですよ。当時、野球ライターの方を見てもやっぱり同世代はいなかったんです。だから「これはがんばれば新闘魂三銃士みたいになれるんじゃないか」って。世代的に棚橋・中邑・柴田とまったく同じなんで（笑）。

――ジャンルが下り坂になっているときこそチャンス、という（笑）。

中溝　野球を書くこと自体がちょっと下り坂で、言ってしまうと古い感じだったんで、ここはその古さを逆手にとって書いていけば世代闘争も仕掛けられるし、チャンスじゃないかなって。だから早い者勝ちだなって感じで書いてましたね。

――新世代の野球ライターとして出るなら「いまだ」と。またドキュメンタリータッチの野球原稿は、いまも昔もけっこうありますけど、『プロ野球死亡遊戯』のように〝見る側〟の考えを前面に出すのって、あまりなかったんじゃないですか？

中溝　そうですね。だからそれまでのライターさんは、自分がどこの球団のファンなのかを隠しながらフラットに書くことが多かったんですよ。でも俺の場合、自分の立場を明確に「巨人ファンだよ」って言っちゃう。そうして書いたほうが共感も得られやすいし、巨人はアンチも多いので、そのアンチも巻き込んで環状線の外側に持っていくほうがいいんじゃないかなって思いましたね。

——賛否両論あると、熱も生まれますしね。

中溝　〝活字プロ野球〟みたいな感じで感情をどんどん乗せていくっていう。どこかの雑誌編集部にいたら、おそらく上司に怒られるようなスタンスで書いてると思うんですけど、ひとりなんで、そこで仕掛けるしかないなって感じましたね。

——ブログは自分の媒体だから、自分がルールですもんね。

中溝　大仁田厚みたいなもんですよ。メジャー団体に食いつくには邪道な方法しかないですからね。

——既存の価値観とは違うものをゲリラ的に出していくという。

中溝　もし10年前なら、自分のような書き手っておそらくメインストリームから弾かれるというか、「野球をナメてんのか！」って怒られてたと思うんですけど。いまはプロ野球がサブカル化して逆にアリになったなっていう。そこは運がよかったですよね。

「レスラーや野球選手が清廉潔白なわけないじゃないですか。そこは書かないとウソになるんで」

——プロレスがテレビのゴールデンタイムを外れてから、週プロ的な活字プロレスが花開いた感じですね。だから、先ほど〝活字プロ野球〟って言われましたけど、『プロ野球死亡遊戯』は活字プロレス的なものを野球に持ち込んだのかなって、読んでいて感じました。

中溝　そうですね。ターザン山本！さんじゃないですけど、実際の試合を観るよりも文章を読んだほうがおもしろいみたいな。要は書き手の思いを過剰に乗っけるという。自分の場合、選手とは基本的に会ったことがないんですけど、会ったことがないからこそ忖度なしで好きに書けちゃうんで。この距離感が逆にいいんじゃないかなと。

――ターザンも週プロ編集長時代、部下に「選手と必要以上に仲良くなるな」って言ってたみたいですしね。

中溝　凄く近づいて、インタビューを掘り下げていくという方法もあると思うんですよ。でも雑誌媒体とかにいた経験がない俺は、選手に取材するのとか苦手だなって最初の段階で気づいたんですね。インタビューって、若い頃からいかに場数を踏んでいくかの勝負でもあると思うんで。

――プロレスラーと同じで、場数を踏むことで誰とでも〝いい試合〟ができるようになる部分は、たしかにありますね。

中溝　あと最初の自己紹介の時点で、『プロ野球死亡遊戯』です」って言ったところで「おまえ、なに？」ってなるんで（笑）。

――スポーツ選手って、媒体や肩書きによって態度が違ったりすることってよくありますもんね（笑）。

中溝　あからさまに変わりますもんね。本を何冊か出して「俺もそろそろいい位置まで来たかな」と思って現場に行くと、やっぱクソみてえな扱いなんですよ（笑）。

――「おまえファンだろ？」みたいな扱いを、いつまで経ってもされるという（笑）。

中溝　だからこれはコラムを突き詰めるほうにしようと。下手に現場に近づくよりはそっちのほうがいいんじゃないかなっていうのもあって。そこは最初の早い段階で気づきましたね。

――それこそ活字プロレス的手法で、自分の主観で自分なりの〝真実〟を書いていくほうがいいと。

中溝　野球ってどうしても〝『Ｎｕｍｂｅｒ』文脈〟じゃないですけど、硬質なノンフィクションっていう感じが多いんですけど。俺の場合、あえて合コンとプロ野球を同列に語ったりとか、プロ野球コラムに絶対に1回は「パイオツ」という言葉を入れたりしてるんですよ。結局、自分たち日常ってプロ野球一色ではなく、エロもあればお笑いもプロレスもあるので、そこを並列に書いちゃったほうがおもしろいんじゃないかとも感じてましたね。

――プロレスラーもそうですけど、選手の魅力は試合の中だけじゃないですしね。

中溝　レスラーや野球選手が清廉潔白なわけないじゃないですか。絶対に海外自主トレなんか夜におねえちゃんと遊びまくってるだろとか、そこは書かないとウソになるんで。おねえちゃんと遊びながらも翌日の試合で結果を出すっていうのが昭和のプロレスラーっぽくていいし。

――昭和のタブロイド紙や週刊誌でよく書かれた「夜のバットも絶好調」っていうやつですよね（笑）。

中溝　そうそう。昔よくあったそのアングルが自分は大好きなんで。最近それって凄く減ってるじゃないですか。プロ野球とかも昔の下世話な、原辰徳や中畑清みたいな「なんでも書いてもいいよ」っていうんじゃなくて、女性ファンも増えてアイドル化してるので、どうしても忖度してキレイな面しか書けなかったりするんで。だったら俺は昭和の文脈をあえていま令和の時代にやると、ほかにないものが書けるのかなって。

――野球選手なんて、日本でも選りすぐりの〝オス〟の集まりなわけですしね。

中溝　「最近の野球選手はおとなしい」って報じられがちなだけで、本当は普通にギラギラしてるんじゃないのっていう。そこは匂わせて書いていきたいなっていうのはありますよね。いまのプロレスも新日とかよく観てるんですけど、やっぱり好きなレスラーは柴田勝頼とかなんで。ちょっと昭和の匂いが漂うというか、いまさらストロングスタイルを感じさせる選手、それって意外と求めてる人がいるんじゃないかなって。

――そこは普遍的だったりしますもんね。

中溝　そうですよね。オカダがいる一方で柴田がいて、鈴木みのるがいてみたいな。だったらプロ野球にも坂本（勇人）みたいなスラッとした選手がいる一方で、村田（修一）さんみたいな昭和のおじさんみたいな感じの選手がいるみたいな。どっちも書いていておもしろいですよね。あと「いまに見てろよ、この野郎！」的な、その文脈って最近はあまり聞かないですけど、やっぱりスポーツとしてその視点っていうのは絶対におもしろいんで。

――ドロドロした嫉妬の感情とか、選手なら絶対にありますもんね。

中溝　読んでいる自分たちだって、上司に対して「いまに見てろよ！」とか「俺は噛ませ犬じゃないぞ！」と思ってるだろうし。それは時代が変わっても普遍的な感情なので。ライターでもありますもんね。それこそ会社名で判断されちゃうと、「いまに見てろよ！」と（笑）。

――ボクも『紙プロ』出身だし、ペンネームがカタカナっていう時点で軽く見られたりしたことは何度もありますから（笑）。

中溝　自分も初期の頃は、『プロ野球死亡遊戯』っていう時点で「コイツ、ふざけてんのか？」って感じがありましたから（笑）。でも最初はそう思われながらも、「でも読んでみるとおもしろいじゃん」って言わせたいというのがあって。獣神サンダー・ライガーも最初はイロモノ的だったのが、試合で認めさせたみたいな。そこはプロレスから学んだ世代なんで。

「タツノリも藤波も正統派のベビーフェイスすぎてナメられがちだけど、ちゃんと追うと凄いんですよ」

――そもそもの話も聞きたいんですけど、中溝さんがプロレスを観るようになったきっかけってなんだったんですか？　も

うゴールデンタイムで放送していた時代じゃないですよね？

中溝　自分が観始めたとき、新日は土曜の夕方4時から放送でしたね。でも4つ上の兄貴がいて、ちょうど兄貴はタイガーマスク世代なんですよ。だからその影響もありますね。

――なるほど。

中溝　また、当時は普通の雑誌にプロレスやプロ野球の記事がバンバン載ってたんですよ。だからプロ野球とプロレスって、小学生の最初の大人社会との接点というか。それで全日でジャンボ鶴田と三沢（光晴）の抗争が始まったとき、俺は小6で埼玉に住んでたんですけど、テレビ埼玉は夕方5時から全日の再放送をやってて、それが終わると6時から『ライオンズナイター』が始まるというゴールデンコースでいつも観てたんで。

――全日は当時、土曜深夜放送でしたけど、埼玉に住んでいたからこそ小学生でも観られる時間帯だったと。

中溝　当時、三沢の何か新しいものが始まった感が小学生にとっては凄くカッコよく見えたんですよ。だから自分は昭和の長州、藤波、鶴田、天龍よりも、平成プロレス初期の三沢、武藤あたりがどストライクでしたね。

――プロ野球もまた、昭和から平成に変わる頃に好きになられたんですか？

中溝　プロ野球はもうちょっと前なんですけど、ON時代が終わってちょうど原辰徳がボロクソ叩かれてた頃で、子供心に「この人かわいそうだな」って（笑）。

――王・長嶋と比較されるという、いま思うと本当に気の毒な立場でしたもんね（笑）。

中溝　小学生に何がわかるんだって話ですけど、なんか原って ひ弱なイメージがあったんで。弱いアイドルを見るような感覚でしたね。

――子どもは顔がきれいで、カッコいい人にいきますしね。

中溝　言われてみると原辰徳、三沢、武藤って、みんな顔が整っていてカッコいいんですよ。小学生は橋本真也には行かないですよね（笑）。

――戦隊モノでいうと、原辰徳とか三沢、武藤はアカレンジャーで。破壊王は思いっきりキレンジャーですからね（笑）。でもセンターを取る人がいるって、ジャンルにとって大事なことですよね。

中溝　やっぱりジャンルの入り口としてわかりやすいアイドルから入るっていう。それこそ原辰徳も武藤も前の世代の人からすればちょっとひ弱に見られたじゃないですか。

――昭和世代から、平成プロレスは「闘いがない」「殺気がない」ってよく言われましたよね。

中溝　黄色いパンツの馳浩に見るあの違和感というか（笑）。当時プロ野球でも「新人類」って呼ばれてた西武の清原（和博）、渡辺（久信）、工藤（公康）とか、いままでと違うおっさんじゃない若者が出始めた頃なんですよ。それこそ阪神の岡田（彰布）の女性スキャンダルが週刊誌にすっぱ抜かれたり、高橋慶彦のスキャンダル相手がヌードになっちゃったりとか、昭和の文化が徐々に変わり始めた時期だったのかなっていう。

――レスラーが巡業中に女風呂を覗くような時代が終わったのと同じで（笑）。でもプロ野球もプロレスも、つい最近まで昭和的な人たちの発言力がめちゃくちゃ強かったですよね？

中溝　そうですね。プロレスも昔は視聴率20パーとか余裕でいってた時代を知ってると、どうしてもいまブームだと言っても「小さいよね」みたいに言われちゃいますよね。プロ野球も今年は全球団トータルの観客入場者数が過去最高を記録したんですけど、世間的には原辰徳は現役時代にCMに出まくってましたけど、いまの巨人の4番である岡本和真がCMに出てるかといったら出てないし。おそらく渋谷を歩いている女性100人中2人くらいしか岡本を知らないでしょう。それが現実なんで。プロレスもオカダ・カズチカは知らないけど天龍は知ってるよっていう人が凄く多いじゃないですか。そこをどう闘っていくかですよね。

――そんな中、中溝さんは今回『原辰徳に憧れて――ビッグべ

中溝康隆（なかみぞ・やすたか）
1979年生まれ、埼玉県出身。
大阪芸術大学映像学科を卒業後、デザイナーとして活動中の2010年10月に開設したブログ『プロ野球死亡遊戯』が、累計7000万PVを記録するなど、野球ファンのみならず現役プロ野球選手の間でも話題となる。ほぼ日刊イトイ新聞主催『野球で遊ぼう。』プログラムに寄稿。『スポーツ報知 ズバッとG論』『Number Web』コラム連載をおこなうなど、精力的にライター活動を続けている。『文春野球コラムペナントレース2017』では、巨人担当として初代日本一に輝いた。主な著書にベストコラム集『プロ野球死亡遊戯』（文春文庫）、初の娯楽小説『ボス、俺を使ってくれないか？』（白泉社）など。

イビーズのタツノリ30年愛――』という本を出されましたけど、なぜ原について書こうと思ったんですか？

中溝　まず俺自身、原がすげえ好きっていうのがありますけど。原辰徳って巨人戦が毎日ゴールデンタイムに生中継されて、余裕で視聴率20パーセント取ってた時代の大スターで、当時の子どもたちが夢中になったアイドルでありながら、深く語られることがこれまであまりなかったんですよ。

――題材にするにはあまりにも王道すぎるというか。落合博満とか清原、イチローのほうが語りがいがありそうですもんね。プロレスで言えば、長州力、前田日明、天龍源一郎は題材になるけど、鶴田、藤波で一冊書くのは無理があるだろうみたいな（笑）。

中溝　そうなんですよね（笑）。馬場、猪木が野球で言えば王、長嶋みたいなものですけど、原辰徳は藤波辰爾みたいな立ち位置なんですよ。アイドルなんだけどそれで一冊語れるかっていったら、やっぱりファンは江川卓とかちょっとヒール感があるキャラのほうが好きなので前田や長州にいってしまう。『真説・長州力』は出ても『真説・藤波辰爾』で出せるかっていったらどうなんだろうと（笑）。

――『1988年の藤波辰爾』とか出ないですもんね（笑）。

中溝　なんかぼんやりするじゃないですか。でもよくよく見ると、長州との名勝負数え唄や、前田日明との大阪城での死闘があったり、飛龍革命で自分の髪を切ったりとか、意外とポイントポイントで記憶に残り続けてるんですよね。

――ボクらのプロレスに関する思い出の中に、常に藤波辰爾がいるという。

中溝　だからタツノリも藤波も正統派のベビーフェイスすぎてナメられがちですけど、「ちゃんと追うと凄いんだぞ」っていう部分を書きたかったんですよ。

「毎日視聴率が20パーってことは、タツノリは朝の連ドラの主役を何年にもわたって張り続けた唯一の男ですよ」

――じつはもっともしんどいことをやり続けたのが、原や藤波なんだという。

中溝　同じ「辰っつぁん」ですしね（笑）。それこそ80年代中盤の週刊誌を開くと、原バッシングだらけなんですよ。原バッシングをしておけば売れるみたいな。

――「コイツに対してなら何を書いてもいい」みたいな部分もあって（笑）。

中溝　そうなんですよ。ホームラン30本、90打点とかあげても、「巨人V逸のA級戦犯」って言われるっていう。だったらどれだけ打ったらいいんだよみたいな。でも原辰徳ってそういう環境で野球をやってたんで。偉大な過去と比べられつつ、どんなに打っても「お嬢様野球」と言われて。

――武藤敬司が「思い出と闘ったって勝てねえよ」って言っ

てましたけど、その「思い出との勝負」と常に強いられていたという。

中溝　そう。それこそ中邑真輔が「過去と闘って何が悪い！」って言ってましたけど、それを原辰徳は80年代からやってたんで。

——過去と闘わざるを得ない立場にいたんですよね。

中溝　王、長嶋という昭和史そのものみたいな人たちと比べられるという、この特殊な環境で野球をやってたのってたぶん原辰徳ひとりなんで。これはもう令和元年にちゃんと書いておこうと。それってリアルタイムでギリ見てた自分たちの仕事じゃないかなって。たとえば担当編集の奥村くんとかは90年生まれで原辰徳を知らないんですよ。最初のスターが松井・由伸世代で、プロレスで言えば、いきなりPRIDEの桜庭和志から入ったみたいな。

——プロ野球史でいえば、王、長嶋から一気に松井、イチローにいって、原辰徳が抜け落ちてる感はありますよね（笑）。

中溝　だからタツノリって、ある意味で不遇の時代を生きていたんですよ。80年代前半はアイドルだったけど、80年代終わりに桑田、清原が出てきたら、すぐに原辰徳は古くなっちゃって。82年には大手7社あったCMが、80年代後半には1社もなくなって、当時「原辰徳がひまでしょうがない」みたいな記事があるんですよ（笑）。

——ONと比べられ続けたあとは、その扱い（笑）。

中溝　天国と地獄を味わった激動の80年代があまり語られてないという、そこが本当におもしろくて。みんな清原、桑田、江川（卓）、落合とかは熱心に語るんですけど、原辰徳ってやっぱりナメられてるんですよね。巨人の監督としてどれだけ優勝しても、なぜかノムさん（野村克也）からディスられるみたいな（笑）。

——落合やノムさんの野球論は、ビジネス本として何冊も出たりしていますけど、原辰徳のビジネス本って見たことないですからね（笑）。

中溝　それは元・原辰徳チルドレンとして、まあ勝手に〝ビッグベイビーズ〟って呼んでるんですけど、そこはずっとモヤモヤ感があって。「ここで俺が原辰徳を書かないと、ずっと正当な評価がされないんじゃないか」っていう。まあ誰から頼まれたわけでもないんですけど、もう勝手な使命感ですよね。

——ジャンボ鶴田をいまこそ再評価するみたいな感じですかね。鶴田も同じ「若大将」と呼ばれ、〝善戦マン〟と揶揄され続けたけど、本当はすげえんだぞという。

中溝　ジャンボ鶴田って自分が子どもの頃は、三沢の最高のラスボス感っていうくらい強かったんで。それっていまの若いファンは知らないじゃないですか。原辰徳だって誰かが当時の背景込みで書いてあげないと、「顔芸が激しいグータッチのおっさん」みたいに思われていて、最近の若い野球ファンってタツノリをナメてるんですよ。

——藤波さんが「ドラゴンストップ」とかネタ扱いばかりさ

れるように（笑）。

中溝　でも昭和野球史にも平成野球史にも、原辰徳は重要なポイントポイントで出てくるので、そこはビッグベイビーズとして、俺が令和元年に書き残さないとほかに誰がやるんだということで、今回一冊にまとめた感じですね。

――ゴールデンタイムで毎日〝主役〟を張っていた人でありながら、これまでしっかりと語られなさすぎでしたもんね。

中溝　当時は巨人戦を毎日放送して平均視聴率が20パーセント以上ですから。毎日視聴率が20パーってNHKの朝ドラしかないですからね。だからタツノリって〝朝の連ドラの主役〟を何年にもわたって張り続けた唯一の男なんで。視聴率的にもON時代よりも原時代のほうが上ですからね。

――そうなんですね。

中溝　もの凄くしんどい作業を長年続けながら、おじさんたちからボロクソに言われ続けて、引退直前にはリストラ間際のおっさんみたいな扱いもされるんです。ミスター（長嶋監督）から、原の打席で「代打・一茂」を告げられるみたいな。そのイビリはなんなのっていう（笑）。

――「UWFや80年代の新日本の本がいまウケてるっていうのも、多くの人がリアルに体験したというのがありますよね」

――それでも「大スターの原にそんな扱いは失礼だ」みたいな声があがらないんですね（笑）。

中溝　でも引退間際にホームランを打ったりすると、観客も一緒に泣くみたいな。普段は原をボロクソに言ってても、そういうときはファンがみんな感情を爆発させる。スポーツにおいて、感情を乗せられる存在って凄く重要だと思うんですよね。でも、そういう浪花節というかストーリーを持ってる選手って、いまの動画配信やCS放送時代のプロ野球にはなかなかいないんじゃないかなって。要は膨大な時間を共有していないと生まれない選手なんで。その点で原辰徳っていうのは、ずっとメディアのど真ん中にいて見てるファンの人生の時間軸になれたんで。それって凄く貴重な存在じゃないかって。

——いいときも悪いときも見続けてきたから、みんなにとって他人事じゃないという。

中溝 たとえば松井秀喜って凄いバッターだと思うんですけど、途中でメジャーに行ったことでどこか遠い存在になって、自分の人生を乗っける対象じゃなくなった気がするんですよね。だってニューヨークでポップフライを打ったところで、おじさんはディスれないですからね。遠すぎて（笑）。でもテレビをつけたら後楽園球場でポップフライを打ってる原辰徳は、身近だからこそボロクソ言えるし、劇的なホームランを打ったときは一緒に泣ける。

——〝俺たちの原辰徳〟なわけですね。

中溝 プロレスでいえば、WWEで活躍する中邑真輔が凄いのはわかるけど、最近少し身体にガタがきながらも棚橋のプロレスのほうが自分の人生を乗っけられるのと同じ気がしますね。

——選手としての〝春夏秋冬〟を見届けた人に対しては、やっぱり思い入れも違ってきますからね。

中溝 それはあらゆるジャンルで普遍的なものだと思うんで。いまのプロ野球選手にしてもレスラーにしても、そのストーリーを築き上げるのがもの凄く難しいんですよね。動画配信で全試合が観られるといっても、どうしても限られた人が観るものになってしまうので世間一般の人たちが思い出を共有しにくい。だから地上波で毎晩20パーを取っていた時代のスターであるタツノリみたいなメディアモンスターは、今後もう二度と出ないんじゃないかって思います。だって、いまの巨人のどの選手よりも世間的には原辰徳が有名なんですよ。

——そうなんでしょうね。

中溝 スポーツ新聞でも、やっぱり見出しになるのは「原監督、怒る!」とか「原監督の迷える采配」とか、主語は原さんなんで。これは坂本でもないし、菅野（智之）でもないし。

——それは80年代に培った知名度が、いかに絶大かということですよね。

中溝 80年代の異常なタツノリフィーバーって、本当に凄いですよ。16歳で「長嶋二世」って呼ばれはじめて、週刊誌で原ファミリーの独占インタビューが載ってたり、「皇室かよ」みたいな（笑）。やっぱり原辰徳をめぐる特別な環境っていうのはいまでもけっこうギャグで、それをあえていまちゃんと整理だてて書くと、それこそ『プロレス取調室』じゃないですけど、こんなにムチャクチャだったんだっていうおもしろみが絶対にあると思うんで。

――王、長嶋世代になるとおとぎ話になっちゃいますもんね。

中溝　たしかにそうですね。UWFや80年代の新日本についての本がいまウケてるっていうのも、多くの人がリアルに体験したからっていうのがありますよね。40~50代の人がリアルタイムで見ていたものが、大人になって「こんなに凄いものを見てたんだ」って気づくという。

――そんな異常な80年代の大スターが、いまも巨人の監督をやっているというのがまたおもしろいですよね。

中溝　そうですね。リアルタイムでストーリーが続いてるんで、ノスタルジーだけにならない、そこは書く題材としてはいちばんの強みです。江川卓だとこうはなっていないと思うんですよ。

――それこそ『1978年の江川卓』みたいな感じで「空白の1日事件」を中心に書いたノンフィクションとかおもしろいでしょうけど、いまの江川卓について書こうとは思わないですもんね（笑）。

中溝　でも原辰徳だったら「令和のタツノリ」も書けるんで。昭和、平成、令和ってずっと生き伸びたモンスターであり、しかも現役時代のアイドルから監督として悪役へヒールターンもしてっていうのは、ほかにいないんじゃないかなって。それでいながら、その過程って意外とスポーツ新聞では書けなかったりするんで、だったら俺が一方的に過剰な思い入れで書いちゃおうっていう。物心がついたとき、アイドルタツノリを知ってる自分が最後まで見届けてやるぞと。例によって誰にも頼まれてないんですけどね（笑）。

――これだけ長い間メディアに出続けながら、まだ「原辰徳最終章」にはなっていない感じもありますよね。

中溝　だから原さんはどう落とし前をつけるんだろうっていう興味があるんですよ。最後は監督として日本一になって終わりなのか。もしくは後継者の阿部慎之助が巨人の監督になったあと、たとえば最後はDeNAの監督になって叩き潰しにかかるとか。そのへんの落とし所のつけ方がまだ読めないので、まだ現役バリバリなんでしょうね。

――いつまで経ってもあがらないっていう。

中溝　そうなんですよ。あがりがないんで。

――だからこそ、ファンを卒業させてくれない。

中溝　プロレスもプロ野球も卒業できないジャンルですからね。終わりのない大河ドラマで。ジャンルとしてプロ野球にしてもプロレスにしても息が長くて、10年スパンくらいで楽しめるんで、自分たちがくたばるまでずっと見ていきたいなって思いますね。こないだもノアの両国大会の本部席に長州力が座って、拳王と田村潔司のアングルが始まったりして。「まだやるのか」と思いながらも見てしまう（笑）。そのへんをプロレスファンには、プロ野球でも同じように楽しんでほしいなって思いますね。

第21回『長州力』

長州力

ごめんなさい

シンスケ、オマエこれなんだ？　何がやりたんだコラ！
誌面飾ってコラ！　中途半端な描いた、描かないじゃねえぞオマエ。
描いたイラスト飲み込むなよオマエ！　本当だぞ？　本当だぞ？
ってオイ。最初っから「ごめんなさい」って吐くんじゃないよオマエ。

ぬったイラストを写真に撮って、ツイッターやインスタグラムなどに投稿してみよう。
そのときはかならず「#中邑画伯」を忘れずに。そうしたら、みんなの作品を中邑画伯や
編集部員たちが見つけてニンマリすることができるから！

兵庫慎司の

プロレスとまったく関係なくはない話

第55回 それはバンドの名前なの？

兵庫慎司

4～5年前からだろうか。TBSラジオ『深夜の馬鹿力』で、番組内でかける曲を紹介する時に、伊集院光が「これ、どっちが曲名でどっちがバンド名なのか、わかんねえよ」とこぼすことが多くなったのは。

そりゃそうだよなあ。と、素直に思う。バンド業界で長年仕事をしてきた僕のような者からしても、最近のバンドの名前の独特さは、ちょっといかがなものか、と言いたくなるレベルなので。昔、「世界の終わり（今はSEKAI NO OWARIとローマ字表記にするのが正式名称）」がデビューした時、なんちゅうバンド名だと思ったが、今になると全然普通に感じますもの。

もっと昔、「ホフディラン」が登場した時も、「いや、ダジャレて！」と驚いたものだが、今になると……いや、これは今になっても、まあまあアレな名前だな。

でも、名詞なだけまだいいか。そうなのだ。それ名詞じゃないじゃん！ 文章じゃん！ というバンド名もあるのだ。伊集院光も、そのへんに対して「どっちが曲名なのかわからない」と言ったのだと思う。

たとえば、実際に伊集院光が言ったやつ。「では曲。『神様、僕は気づいてしまった』で『CQCQ』」

ね？「CQCQ」がバンド名で、「神様、僕は気づいてしまった」が曲名であるほうが自然でしょ。神様、僕は気づいてしまった。なんに？ と問いたくなるでしょ。神様じゃないけど、俺。

「忘れらんねえよ」も同じく、「なにを？」と問いたくなる名前だ。「問いたくなる系」と名づけよう。しまった、この間インタビューしたばかりなのに訊かなかった、「なにを？」と。今度会ったら訊くからな、柴田くん。あ、「忘れらんねえよ」というバンドの実質ひとりきりのメンバーが、柴田隆浩という38歳の男なのです。以上、ご存知ない方のために説明でした。

あと、最近では「ひかりのなかに」というバンドもいる。これも「何があるの？」

と訊きたくなるので「問いたくなる系」と言えますね。

話を「神様、僕は気づいてしまった」に戻すと、バンド名の中に「、」を入れるのってありなの？　という疑問もある。モーニング娘。の「。」に「おいおい」と思ったのは遥か昔、今や事態はここまで進行してしまっているのか、と。

というふうに、現段階で、すでに問題は山積しているわけだが、この先にもまだまだある。

「曲です。『それでも尚、未来に媚びる』で『まれびと』」

これなんかもう確信犯というか、「まれびと」がバンド名で、「それでも尚、未来に媚びる」が曲名であるべきでしょ。ひっかけ問題？　ラジオパーソナリティをあざむきたいの？

そしてだ。ほかにももうひとつ、「それでも」系がいる。

「それでも世界が続くなら」

というバンドだ。けっこう前からいる。「世界の終わり」のちょっとあとくらいから、だったっけ。ここ1年くらい活動を中止していたが、2019年9月に新しいドラマーが加入してリスタートしたばかり。そんなタイミングで、こんなところでネタにするのは忍びない気もするが、しかし、やはり見過ごせない。

「『それでも世界が続くなら』で、『死にたいって言えばそれだけで』」

「『それでも世界が続くなら』で、『Re：僕がバンドを辞めない理由』」

「『それでも世界が続くなら』で、『SNSとオフライン』」

ここまでくるとなんかもう「すまん！　俺が悪かった！」と謝りたくなってしまうのだった。

最初のやつは「バンド名も文章、曲名も文章」だし。ふたつめの「Re：」っていうのにも、どういう気持ちで向き合えばいいんだかわからないし。

「次の曲です。『白鳥の下で』で『光が消えるまで』」

これなんかもう、つなぐと一文になる。白鳥の下で光が消えるまで。うん。つながる。意味はまったくわからないが。

「ではお聴きください。『ずっと真夜中でいいのに。』で『居眠り遠征隊』」

眠いからなの？　居眠りしちゃうほど眠たいから、「ずっと真夜中でいいのに。」って願っているの？　あとやっぱり、最後に「。」はつけたいのね、あなたも。

「では次の曲。『ポップしなないで』で『CDはもう売れない』」

うん、売れないね。

「聴いてください。『愛しておくれ』で――」

いやだ。

「そう言わずに聴いてください。『愛しておくれ』で『山口実甘子に騙された』」

俺は何を書いているんだ。という気持ちに、すっかりなっています、今。

とはいえ、「山口実甘子」って、大槻ケンヂの小説『グミ・チョコレート・パイン』の、主人公の大橋賢三が思いを寄せるヒロインの名前よね。映画版では黒川芽以だったよね。と、パッとわかる自分は、そここそ、このバンドの理解者になれるのではないか、という気も、一方でします。

余談。「ミラノコレクションA.T.」って、最初は「え、それ、人の名前なの？」と、驚いたものです。


兵庫慎司（ひょうご・しんじ）1968年生まれ、広島出身、東京在住。音楽などのライター。ユニコーン『服部』30周年記念本「ユニコーン『服部』ザ・インサイド・ストーリー」が、11月21日にリットーミュージックから発売になりました。12月中旬時点で在庫きわめて僅少。ぜひ。

TARZAN BY TARZAN

ターザン・バイ・ターザン

はたして定義王・ターザン山本!は、
ターザン山本!を定義することができるのか?
『週刊ファイト』花のボンクラ記者時代、私生活にも変化が起きる。
「初対面の元子さんに挨拶をしたら
『あんた誰? 何をしに来たの?』って
あしらわれたんですよ。それから俺は元子さんのファンになったんよ!
俺はそういう超強気な女が…………好きなんですよ」

絵 五木田智央　聞き手 井上崇宏

第六章　妻との別居

「井上編集長は喫茶店トークをすることによってプロレスファンの気持ちをマーケティングしてたのよ。ハッキリ言って凄いですよ、あの人は！」

――『週刊ファイト』に入り、井上（義啓）編集長は山本さんにどんな仕事を振ってきたんですか？

山本　俺には仕事を与えないんですよ！

――って聞きますよね。井上編集長がすべて自分でやっちゃうっていう。

山本　プロレスのメインは東京だから（中央区）京橋に新大阪新聞社の東京支社があったんだよねよ。そこにいた松下さんという人が、東京での記者会見とか蔵前（国技館）とかに取材に行って原稿を大阪に送ってくるわけですよ。ところが、その松下さんはベテラン中のベテランなんだけど、『週刊ファイト』用の記事を書いてこないんですよ。ありきたりのことを表面的にしか書かないので、井上編集長はそれを凄く嫌がってね。本当は「これじゃダメだ！　もっと突っ込め！」と文句を言いたいわけだけど、ベテランの松下さんにそんなことは言えない。だから送られてきた記事をそのまま載せていたんよ。それで井上編集長は「俺が書いた記事をもっと載せなきゃいけない！」ってことでまた燃えるわけですよ。

――そっちの方向に行くわけですか。「人に任せてられない」と。

山本　そういう構造があるということを俺は中に入ってみてわかったんだよね。しかも井上編集長はプロレスを知らない内部の社員を求めていないのでどうしたかっていうと、プロレス会場に来ているマニアのファンがいるでしょ。彼らが井上編集長に話しかけたり、なついたりしてくるわけですよ。その中に性格が明るい、ちょっと調子のいい男がいてさ、本職はカメラマンじゃないのにそいつにカメラを買わせて、記者の腕章を与えて関西とか地方の大会に出張で行かせてたんですよ。そんなド素人のプロレスファンをカメラマンに仕立て上げたもんだから、そいつはもう大喜びなんですよ！（笑）。

――そりゃ、そうなりますよね（笑）。

山本　それまでチケットを買ってプロレスを観ていた人間がさ、腕章を持たせられたことで控室にも行けると。あの頃は控室の中も出入り自由だったし、レスラーとも話ができるわけでしょ。もちろんリングサイドで写真も撮れるから、ファンからすればこんなにいいことってないもんね。だからそいつは喜んで井上編集長に忠誠を誓うわけですよ！　それでわかったのはさ、社内で井上編集長のことを「井上編集長」と呼ぶ人間はひとりもいなくて、みんな「井上さん」なんですよ。でも井上編集長は「編集長」って呼ばれることがいちばんの快感だったわけですよ。

それでカメラマンに仕立て上げたそのプロレスのファンの男は「編集長！　編集長！」って呼びまくるんで、井上さんも気持ちがいいんよ！

――ウイン・ウインだ（笑）。

山本　しかもド素人なのにギャラとして1回1万円もらえるでしょ。素人は好奇心の塊みたいなもんだから、会場で見るものすべてが新しいわけですよ。その好奇心で盗み見したことすべてを井上編集長に報告するんですよ。普通ならそれはやっちゃいけないんだけど、その報告が井上編集長の記事に活きるんですよ！

――いいことだらけだ。

山本　そう。それと井上編集長の『喫茶店トーク』ってあったでしょ。あれは何かと言うと、編集部にプロレスファンから電話がかかってくるわけですよ。「編集長、これがちょっとおかしいですよ」とか「今度のタイトルマッチはどうなるんですか？」ってことを言ってくるわけでしょ。すると井上編集長は友達がいないもんだからうれしがって、仕事そっちのけで30分とか1時間しゃべってるわけですよ。その電話でのファンとの会話が井上編集長にとっては生き甲斐だったのよ。でも東京の記者なんかはめんどくさいからファンに対してはみんな「シッシッ」ですよ。「おまえたちの質問なんかには答えたくないし、付き合っている暇もない」みたいな感じでね。そこで井上編集長はファンと親しくした唯一の記者ですよ！　それで電話じゃ話し足りないから、「じゃあキミね、新阪急ホテルのそばに喫茶店があるからそこに○時に来てくれ」って自分からファンを呼び出してトークをしまくるんよ。それが井上編集長の喫茶店トークですよ！　それは要するにプロレスファンの気持ちをマーケティングしてたのよ。それがまた井上編集長のコラムにも活きてくるんですよ。凄いですよ、あの人は！　ハッキリ言って！

――レスラー側じゃなくて、完全に観る側に立ったんですね。

山本　俺もそんな井上編集長の姿を見て学んだんよ！　それで井上譲二っているでしょ。彼はファン時代に外国人レスラーと仲良くなりたいから、レスラーが泊まっているホテルに行ってさ、大量の色紙にサインを書いてもらってたんですよ。ずっとホテルに入り浸りで、もうストーカーみたいなことをやっていたわけですよ。

――外国人レスラーマニアなんですね。

山本　外国人レスラーと話したいからってことで英語も学んだんですよ。それで井上編集長と知り合って、『週刊ファイト』の外国人レスラー担当として井上譲二も重宝したわけですよ！　それで井上譲二は自分の頭の中がさらにエスカレートしていって、何をしたかというと、「東スポの記事はいつも大本営発表でありきたりだし、団体の意向通りに書いている」と。それがつまらないと思っているのは井上編集長も同じなんですよ。だから『週刊ファイト』はその逆を行かなきゃいけないってことで、あるとき井上譲二が「ボクをニューヨークに派遣してくだ

さい！　特派員をやります！」って直訴したんだよね。もう俺はビックリしましたよ！　そうしたら井上編集長も「じゃあ、行け！」って言ってね。飛行機代とか滞在費とかさ、もの凄くお金がかかるのにですよ！

――当時はいまの比じゃないくらい高いでしょうね。

山本　それを井上編集長が「俺が面倒をみる」ってことで会社に交渉して、井上譲二のニューヨーク滞在をクリアさせたんですよ。新大阪新聞社に革命が起こったんですよ！　それで東スポのコントみたいな嘘っぱちな記事に対し、井上譲二は向こうの生の情報をどんどん送ってきたから井上編集長も大喜びなんですよ。反東スポの記事を完成させるために自分のポケットマネーすらもつぎ込んでやっていたわけだから。

――凄いですねえ。で、山本さん自身はどんな動きをしていたんですか？

山本　俺は朝10時に出勤するわけですよ。で、17時に帰るんですよ。することがないんですよ！

――まったく仕事を振られないんですか？

山本　振られないんですよ！（笑）。で、「この写真を出してくれ」って言われたら写真を探して渡したり、井上編集長が書いた原稿を下の印刷所に持って行くとか、要するに雑用係だからすぐに終わるんですよ。それで月曜の朝が『週刊ファイト』の最終降版日だったんだけど、月曜日に会社に行ったら井上編集長が日曜日までに考えたことをすべて巻頭記事とコラムで書いてあるっていう流れだったんよ。

「大剛鉄之助の前でつい業界用語の〝ヒール〟って言葉を言ってしまったら、俺はえらい怒られて説教を食らったんよ！」

――山本さんは降阪日も普段通りに出社していたんですね。

山本　だから俺が唯一やっていたのは、当時なぜか知らないけど、ファンクラブが全盛時代を迎えていたんだよね。ミル・マスカラスファンクラブ、新日本プロレスファンクラブ、国際プロレスファンクラブとか、ロッシー小川がやっていた女子プロレスファンクラブとか、さまざまなファンクラブが全国あちこちにあって。

――小佐野景浩さんとかもそうですよね。

山本　彼は新日本プロレスのファンクラブですよ。小林（和朋）くんもそうだし、ミル・マスカラスは清水（勉）さんだし。そのファンクラブが全国いろんなところにあって、それぞれがFC誌っていう雑誌を作っていて、それを『週刊ファイト』にガンガン送ってくるわけ。俺はそれを紹介する「FC誌評」っていうコーナーを担当するのが唯一の仕事だったんだよね。その中に「ファイト専属評論家」っていうペンネームで原稿を送ってくるヤツがいてさ、そいつはプロ中のプロだったね！　原稿のレベルが高くて、もうシビれるような感性を持っていて。

――それは誰かわからないんですか？

山本　いまだにわかんないわけですよ。それはそれは絶品だったね。

――会ってみたいですね。

山本　そして井上編集長の『週刊ファイト』改革があったわけですよ。『週刊ファイト』には日活ロマンポルノとか野球、キックボクシングが載っていたんだけど、井上編集長は「全面をプロレスにしたい」という野望を持ってたんよ。ただ、それをやると芸能記者とかの行き場がなくなるからなかなか実行できなかった。でも結局、俺がいる間にそれをやり遂げて、芸能記者たちは本紙（『新大阪新聞』）のほうの担当になり、キックボクシング担当はどうなったんだろう？　とにかく井上編集長は『週刊ファイト』の全面をプロレスにするという最大の革命を成就したんですよ！

――なるほど。ボクが小学生の頃に読んでいた『週刊ファイト』は、もうプロレスのことしか載っていなかったですからね。

山本　そうでしょ。俺らの時代はロマンポルノの女優とかもいっぱい載っていたわけよ。藤原敏男の自宅訪問で奥さんが出てきたりとかね。あのときはもうシーザー武志もいたことを憶えているよ。だから日曜日に追い詰められて机でガーッとやっていないけど、井上編集長は追い込みがあるでしょ。俺は仕事がないけど、井上編集長は追い詰められて机でガーッとやっているんですよ。『新大阪新聞』は日曜日の発行はないから社内はガランとしていて、印刷所にいるほかの業界紙もガラガラなんですよ。そこで俺はすることがないので何をやったかというと、15時になったら競馬のテレビ中継を観てるんですよ（笑）。

――会社で？

山本　会社のテレビで（笑）。いまでも憶えてるのは印刷所の従業員の中にノミ屋がいたんですよ。

――従業員を対象にしていたノミ屋がいたと（笑）。

山本　で、俺はそいつのところに行って、「9レース、2-5、1000円」って書いて渡すんですよ。それで勝ったら翌日の月曜にそいつがお金をくれて、負けたら払わなきゃいけないんだよね。俺はそのノミ屋専門で競馬をやってたんよ！　たまに昼の時間に阪神電車で野田阪神駅から乗って、梅田の場外馬券まで馬券を買いに行ったりもしたけどね。

――花のボンクラ記者ですね（笑）。

山本　それで大阪府立体育会館に新日本や全日本が1年に何回か来るわけだけど、あれがいちばんの楽しみだったんだよねえ。それは楽しかったし、関西周辺でやるときもプロレスの取材に行けるわけでしょ。とにかく外に出れることが最大の楽しみだったんだよね。

――会社にいてもやることがないなら、外に出たいですよね。

山本　それであるとき、国際プロレスが阿修羅原のデビュー戦をやったんですよ（1978年6月29日・大阪府立体育会館での寺西勇戦）。でも国際プロレスは客が入っていないわけですよ。そのとき取材に行ったら大剛鉄之助がいて、当時大剛さんは国際のブッカーをやっていたわけよね。そのときはたまたま日本に来ていて、俺は大剛さんに挨拶したわけ。もともと大剛さんは手紙魔で、文章を書くのが好きな人だから、『週刊ファイト』に国際プロレス情報とか来日する外国人レスラーのプロフィールとかをガンガン送ってくるわけですよ。それもあって俺が大剛さんに挨拶に行ったときに、俺はついつい業界用語の「ヒール」って言葉を言ってしまったんよ。

――当時はタブーだったんですか？

山本　禁句ですよ！　そうしたら大剛さんが俺にえらい怒ってさ、「なんだ、この野郎！　何を言ってるんだ！」って俺は説教を喰らったんよ。

――山本さんにもそんな時代があったんですね（笑）。

山本　話しているうちについ「ヒール」っていう隠語を出してしまったもんだから、めっちゃ怒られてさあ。そこで俺は「レスラーの前では隠語を出しちゃいけない」ってことを初めて学んだんだよね。だからのちの「ハイスパート」、あれも隠語なんですよ。

――いまだに許されている空気ではないですよね。

山本　あれなんかも天龍（源一郎）の前なんかで言ったらもうヤバいんだよ。そういうことっていろいろあるでしょ。それを大剛さんは俺に教えてくれたんだよね。だけど裏に行くといろんなことがわかってしまうんよ。

――隠語はダメだけど陰部は見えてしまう（笑）。

山本　それで阿修羅原のデビュー戦は寺西さんが相手をしたわけだけど、寺西さんはベテランだから試合を引っ張って作るわけですよ。それで試合が終わった寺西さんが控室に戻ってきたら、そこに吉原（功）社長が来たわけですよ。それで「おう、おまえ、うまくやってくれたな」って話をしていて、俺はその光景を見て「ああ、プロレスというのはそういうことだったのか。八百長かあ」みたいな（笑）。ただし、そういうシーンを見たことによって失望はしていないんですよ。逆なんですよ！「ああ、プロレスって奥が深いんだな」っていうことを学ばされていく時間がそれからずっと流れていくわけですよ！

「寛子ちゃんからの伝言メモを見て、猪木さんは寂しい顔をしていたんだよね…。あのシーンは忘れられない」

——それは現場に出てみないとわからないことですよね。

山本　現場に出て初めてそういう場面に出くわして、一般的な常識では「ノー」となるんだけど、俺は「あっ、こういうことなのか！」とむしろ興奮したんですよ！　だからあるとき、カメラマンが秋田に出張に行ったんですよ。秋田でビル・ロビンソンとジャンボ鶴田のUNヘビー級選手権があったので、また井上編集長が素人あがりのカメラマンに写真を撮りに行かせたんだけど、そのカメラマンが偶然レスラーたちと同じ秋田市のホテルハワイに泊まったわけですよ。そこには大浴場があって、風呂に入ってたら馬場さんが来たらしいんだよね。それで馬場さんが「おまえはなんだ?」となって、「『週刊ファイト』のカメラマンの○○です」って挨拶をしたら、馬場さんが「この世界は深入りしちゃダメだよ」と言ったらしいんだよ。

――馬場さん直々に。

山本　「早く足を洗ったほうがいいぞ」って(笑)。

――風呂場だけに(笑)。

山本　馬場さんって、この世界に入って来た人間にそれをかならず言うわけですよ。でもそれを聞いたカメラマンはめっちゃショックなわけですよ! そりゃそうだよ、プロレスがめちゃくちゃ好きでやってるのに!

――しかもあのジャイアント馬場から言われるっていう(笑)。

山本　で、「秋田でそういうことがあった」と大阪に戻ってきてしゃべるわけ。井上編集長はそういう真っ当じゃないネタがほしいんですよ。いくらまともに取材をしても『ファイト』は売れないから、「試合なんかどうでもいい」って言うわけ。だから俺たちに突撃取材を命じるんですよ。つまり「寝込みを襲え」みたいな。たとえば外国人レスラーが泊まっているホテルに行ったら、彼らは暇そうにしているでしょ。「そこで見張っていて、外国人レスラーがロビーに出てきたら捕まえて話を聞け」と。そうすると試合以外のおもしろい話が聞けるかもしれない、『ファイト』のネタになるかもしれないってことで、これは井上譲二が言った言葉なんだけど、『週刊ファイト』は突撃が重要なんだ」と。だから井上譲二は試合会場でもホテルでもとにかく突撃して独自の話を聞いてくるんですよ。俺もそこで突撃精神を学んだんよ!

――なるほど。でも「試合を取材するだけではダメ」ってかなりのプレッシャーがありますよね。

山本　だから、あるときに石川県でインタータッグの選手権があったので俺が行ったんよ。大阪から石川まで行くのは大変ですよ! 遠いですよ! 田舎ですよ! それで行ってみたら平凡な試合をしてるんだよね。こっちはせっかく旅費と時間をかけて行ったのに「これじゃ記事が書けねえな」と。当たり前の展開と結果で終わったので、「これは突撃しかない!」ということで俺は全日本のレスラーの宿舎にわざわざ行って、フロントで馬場さんの部屋番号を聞いて23時に部屋を直撃したんですよ。

――「このままでは大阪に帰れない」と。

山本　それで突撃したらさ、馬場さんが「おまえ、何をしに来たんだ! いま何時だと思ってるんだ!」って俺は大説教を食らったんですよ。

――またしても大目玉を(笑)。

山本　「俺のプライベートな時間だぞ。それを23時過ぎにおまえは何を考えてるんだ! 非常識も甚だしい!」って説教を食らって門前払いですよ。それぐらい『週刊ファイト』っていうのはおもしろい媒体だったから、俺もそこまで洗脳されていたわけですよ。で、井上編集長にその話を報告するじゃない。そうしたら井上編集長は「だけどその精神は絶対に忘れちゃいけない！」と（笑）。だから新日本が大阪に来たとき、猪木さんは中之島のリーガロイヤルホテルに泊まってるんですよ。それで試合後、俺はロビーで猪木さんが帰ってくるのを延々と待っているわけですよ！

――怖い、怖い……。

山本　いくら待っていても来なかったんだけど、夜中の1時20分に猪木さんがホテルに帰ってきたんよ。それで「あっ、猪木さん！」って声をかけたら、「おっ。おまえ、何をやっているんだ？」って聞かれてから「ちょっと話を聞きたいんですけど……」って言ったらさ、「じゃあ、俺の部屋に来いよ」ですよ。そこで俺は馬場イズムと猪木イズムの違いがわかったわけですよ！

――おおー！　非常識を許す人と許さない人ですね。

山本　馬場さんは世間的に考えての非常識に対しては「ノー」なんだけど、猪木さんは非常識だろうとなんであろうと、その行動力を認めてくれるんだよね。それで俺は1時20分から1時間くらい、猪木さんの部屋で話を聞いたんですよ！

――そういうことがあると心情的に猪木派になりますよね。

山本　なりますよぉ！

――そりゃなりますよね。かたや馬場さんには説教を食らったわけで（笑）。

山本　そのときさ、フロントの人間が猪木さんにメモ用紙をさっと渡してたんだけど、それは寛子ちゃんからの伝言でさ、「やっぱり今日も会えないね」みたいな。

――娘の寛子さん。

山本　そのメモを見て猪木さんは寂しい顔をしていたんだよね……。俺はそのシーンが忘れられないんだよ。猪木さんの孤独感が凄く出ているわけですよ。猪木さんはいろんな付き合いをしなきゃいけないでしょ。で、馬場さんはそういう人付き合いをしない人でしょ。

――だから猪木さんはホテルに帰ってくるのも遅いんですね。

山本　でも、その付き合いをすることで、社長さんたちがタニマチになってくれたりとかしてビジネスが広がっていくわけでしょ。馬場さんの場合はすべて元子さんがシャットアウトしてるから、タニマチとかそういう存在がいっさいいないわけですよ。そのうちに全日本と新日本の違いがわかってくるんだよね。新日本の場合は取材に行くとウェルカム。それは井上編集長が猪木さんのことを年間50回、全部表紙にしてるからとかは関係なく、とにかくマスコミに対してウェルカムで気持ちよく応対してくれるというのが新日本のレスラーの特徴でもあったんよ。で、国際プロレスは第三の団体だから追い詰められているでしょ。だから国際プロレスはウェルカム以上にもう「いらっしゃい！　いらっしゃい！」なんですよ（笑）。

――ウェルカムの向こう側（笑）。

山本　やっぱり新日本はプロ意識にのっとったウェルカムなんだけど、国際はプロを度外視したウェルカムだからね（笑）。それで全日本はどうだったかというと、「おまえたち、何をしに来たんだ？」という態度なわけですよ。だからグレート小鹿さんとかがもう怖くてね。「俺たちは来ちゃいけないんだな……」っていう雰囲気がプンプンなわけですよ（笑）。

――それはさすがに『週刊ファイト』が猪木派ということもあって、思い当たる節もありすぎるし（笑）。

山本　やっぱり全日本にしてみたら『週刊ファイト』はなんでも書く」という警戒心があったよね。でも、俺も調子がいいから全日本の大阪大会で売店に立っている元子さんを見つけたんだよね。初対面だったので「『週刊ファイト』に入った山本です」って挨拶をしたら、「なに？　あんた誰？　何をしに来たの？」みたいな感じであしらわれたんですよ。俺は「なんだ、この人は!?」と思ってね。こんなタイプの日本人女性は初めてだなと。

――そこまで毅然と嫌悪感をあらわにした態度をとる人はなかなかいないですよね。

山本　そのとき俺はビックリしてさ、それから元子さんのファンになったんよ！　俺はそういう超強気な女が…………好きなんですよ。

――溜めて言わなくても。でもわかります。「カッコいいな、この人」みたいな。

山本　それもあるし、「男として、この女性を攻略したい」という思いがあるんですよ。そういうのが本能的に俺の中にあったのは…………たしかだね。

――だからいちいち溜めて言わないで。

山本　ピシッと背筋が伸びていて、黒いパンタロンを履いていてね。「何をしに来たの、あなた？」みたいな。もうシビれたねえ！　それで控室に行ったら、キム・ドクが「バカ野郎！　出て行かねえとぶっ飛ばすぞ！」みたいな無言の圧をガーッとかけてくるわけですよ。もう全日本の会場では生きた心地がしませんよ！（笑）。

「奥さんが男と住んでいるマンションの前で張ったんですよ。そうしたら彼女が出てきたんだよね…」

――駆け出しの記者時代の話っておもしろいですよね。その頃、私生活のほうはどうだったんですか？　奥さんとの関係とか。

山本　そのとき俺はもう30過ぎてるでしょ。いくら新聞社に入っても未来がないわけですよ。だから完全に奥さんの中では…………ゲームオーバー。

――ゲームオー…………バー。

山本　そしてお義母さんにとってもゲームオーバーだった。だから1979年に俺はお義母さんからこう言い渡されたんよ。「これまでいろいろあったけども、ウチの娘の将来も考えて、このへんで別居したらどう?」と。俺は「そうか……」って思ってね。俺はお義母さんには頭が上がらないから、どういう状況でも反抗したりとか口ごたえしたりは一切ないんだよね。それで「そうか、仕方ないな……。わかりました」と俺は彼女の実家を出て、一人暮らしを始めたんだよね。

――離婚の前にまずは別居と。

山本　それで荷物をまとめて出て行くってときにさ、俺の映画館時代の友達を呼んでクルマを借りて、荷物を積んだクルマを運転してその町を去って行くわけですよ。あれは忘れらないねえ……。「ついに終わった。これは終わりの始まりだな……」と。だからお義母さんは2人を離婚させるために、まずは別居という事実を作ろうとしたんだよね。

――月給10万で自活できたんですか?

山本　そのときは上がってた。1年で1万なんぼ上がってたから、15万くらいにはなっていたんじゃないかな。で、それからは子どもにも奥さんにも会えない生活だよね。あ!　その前に事件があったんですよ!　奥さんが家に帰って来ないんだよ。要するに外でほかに男ができたんよ。たしか同じ職場の自分よりも若い男とデキてたんだよね。

――それはなんでわかったんですか?

山本　彼女があえて俺に言ったのかな?　なんか知らないけど。だけど奥さんがいつまでたっても帰って来ない夜を過ごすというのは、本当に言葉にできない絶望感に襲われるんだよね……。

――そんな、それまで好き勝手に生きておいて。

山本　カーッとむき出しの絶望感に襲われるわけですよ。まったく寝られないんよ。俺が寝られないのはそのときは初めてよ。

――いろんな想像を張り巡らせちゃうでしょうし。

山本　それで奥さんは、相手が住んでいる十三のマンションに一緒にいるっていうことを俺は知っていたので、「これはもう現場を押さえるしかない!」と思ってさ。

――突撃精神!　ファイトイズムだ。

山本　その日、朝の4～5時に起きて電車に乗って十三まで行って、そのマンションの前で張ってたんですよ。そうしたら彼女が会社に出勤するから8時過ぎに出てきたんだよね。俺はその姿を見た瞬間に「あっ、完璧に終わったな。もうこれでいい……」となって。

――見た瞬間にそう悟ったわけですね。

山本　そういうときの女っていうのは凄いよ。まったく動揺していないんだよね。

――あっ、会ったんですか?

山本　だって会いに行ったわけですよ。そりゃ出て来たから会いますよ。そこで彼女は俺を前にしてもまったく微動だにしないんだよね。「現場を押さえられた」という感覚がまったくないんだよ。で、そのうち彼氏もマンションから出てきたんよ。

――ええっ?

山本　そうしたら彼女が男のほうに「この場は私に任せて。先に行ってて」って言ったんだよね。そのとき俺はまだ彼女と一言も話してないんよ。もう終わってるからどうでもいいと思ってさ。そうしたら彼女がポツリと「自分が悩んでるときに彼はやさしくしてくれたの」と。その言葉を聞いて俺は「ああ、そっか……」と。

――切ないですね。

山本　「まっ、そう言うだろうな！」みたいな！（笑）。

――いやいや、実際にそうだったんでしょうよ（笑）。

山本　男って、そういう困った女性がいたら助けてあげたくなるもんじゃない。「ああ、コイツらそういうシチュエーションでデキたのか」と思ってね。

――納得して（笑）。

山本　そこで自分の心に決着をつけて、しばらくして別居というね。そうそう、そういう流れだったんよ。

「俺の取材に通訳として使っていたヴィッキーという女の子が、ロッテのレロン・リーと結婚したんだよね」

――そうこうしながらも、娘さんはどんどん大きくなっているわけじゃないですか。どういうふうに接してたんですか？

山本　いや、俺は勝手に生きてるから娘の面倒をみたことを１

回もないよ。

――一緒にどこかに遊びに行ったりとかもない？

山本　ない。参観日に行ったとか、日曜日にどこか遊びに行ったとか1回もない。

――でも、家に帰ったらどうしたってコミュニケーションはあるわけじゃないですか。

山本　それはある。

――そこで他愛もない会話でもするんですか？

山本　それはまったく憶えていないな。

――そういうシーンが記憶にないと。

山本　でもね、子どもが生まれたときは写真を撮りまくって、俺の両親に送ったんだよな。

――さすがにうれしかったんですね。

山本　（突然、話題を断ち切って）で、『週刊ファイト』にも自分の立場がないじゃない。だから、なんとかポジションを作らなきゃいけないってことで俺が編み出したことがあってさ、英語がしゃべれる女性を通訳として使って、外国人レスラーにインタビューに行くという作戦を考えたんだよね。俺が『週刊ファイト』で紙面を獲得するチャンスはそれだと思ってさ、友達に「英語がしゃべれる女の子はいない？」と聞いてみたら、〝ヴィッキー〟という女の子に出会ったんだよ。

――オテンバそうな名前ですね。

山本　ヴィッキーは帰国子女で、お母さんがシングルマザーだったんだよね。俺とも気が合ったわけですよ。それでヴィッキーを連れてアブドーラ・ザ・ブッチャーとかビル・ロビンソンのところに行ってさ、ガンガン取材したんだよね。

――日本で英語が話せるというだけで向こうもうれしいし、しかも女の子が来たっていう。

山本　女の子が来たらレスラーもうれしいでしょ。そこで俺はあえてプロレスの話をしないように持っていくわけですよ！

――冴えてますねえ。

山本　それでヴィッキーと外国人レスラーたちと一緒に朝まで遊んだりしていたら、ミスター高橋に激怒されたりしてさ（笑）。それでヴィッキー自身もプロレスラーと会うことに好奇心があったんだよね。

――どうしたってレスラーはおもしろいですもんね。

山本　それで俺は女の子を使ってレスラーにインタビューするという新境地を開いたんですよ。それ以降は東京に出て来てからも英語がしゃべれる女の人をいっぱい集めて、ガンガン取材したんだよ。たとえばアンドレ（・ザ・ジャイアント）だったらフランス語を話せる女の子を見つけてきて、一緒に福生まで行って試合前に取材したりとかね。あとはニック・ボックウィンクルとかブルーザー・ブロディとかも全部そうだよ。

――あと、女の子がひとりいると取材現場が柔らかくなりますよね。

山本　そうそう。ナンパしたい気持ちもあるだろうしね。で、そのヴィッキーがまた数奇な運命を辿るんですよ。俺はヴィッキーの家に行ったこともあって、お母さんも知ってるくらい仲が良かったんだけど、彼女が東京に出てきたんよ。それで劇団四季を受けたら通ったんですよ。

――凄い。役者志望でもあったんですね。

山本　それでヴィッキーは劇団四季に入ったわけですよ。で、劇団四季のトップの浅利慶太に気に入られるわけだけど、なぜか長続きしなかったんだよね。で、そのうちヴィッキーは『月刊プレイボーイ』でヌードモデルとしてデビューしたんよ。見てみたら全裸なんですよ。「なんなんだよ、ヴィッキー⁉」と思ってね。

――ヴィッキー、やりますね（笑）。

山本　じつは彼女が東京に出て来てからは会ったことがないんだけどね。それで最終的にヴィッキーはロッテのレロン・リーと結婚したんだよね。

――えっ、ウソでしょ⁉（笑）。

山本　ホントですよ！（笑）。それで向こうに渡って娘が２人いますよ。凄いなと思ってさ。

――ちょっと待ってくださいね。いま「レロン・リー　ヴィッキー」でググってみますね。ああ、出た。「レロン・リーの妻はヴィッキー・田中・リーである。自動車会社の通訳として働いていたところ、クルマを買いに来たレロンと出会い、２年の交際を経て結婚」。

山本　そう、それそれ！　その人！　こんなことがあったよ。ヴィッキーがザ・シークに「ビートルズのポール・マッカートニーに似てますね」って言ったら、シークが「そんなことを言われたのは初めてだな！」って大笑いしてさあ（笑）。

――全然似てないもんな（笑）。それ、ポール・マッカートニーじゃなくてジョージ・ハリスンじゃないですか？

山本　あー、かな？　ビートルズの誰かに似てるって言ったんだよね。

ターザン山本！（たーざん・やまもと）
1946年4月26日生まれ、山口県岩国市出身。元『週刊プロレス』編集長。
立命館大学を中退後、映写技師を経て新大阪新聞社に入社して『週刊ファイト』で記者を務める。その後、ベースボール・マガジン社に移籍。1987年に『週刊プロレス』の編集長に就任し。"活字プロレス""密航"などの流行語を生み、週プロを公称40万部という怪物メディアへと成長させた。

あけましておめでとうございます。今年はウンコを漏らしませんように。

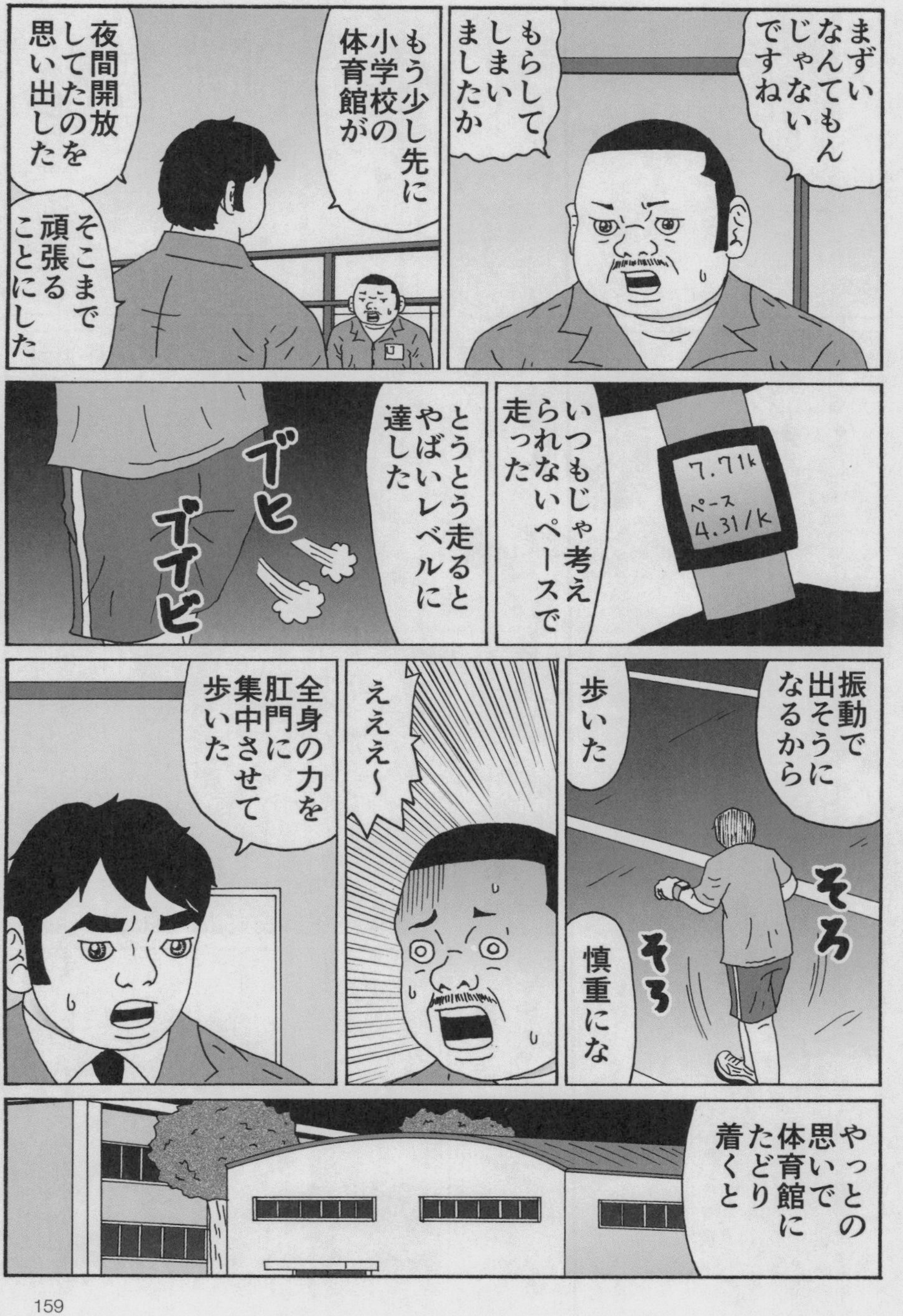
まずいなんてもんじゃないですね
もらしてしまいましたか
もう少し先に小学校の体育館が
夜間開放してたのを思い出した
そこまで頑張ることにした
いつもじゃ考えられないペースで走った
7.71k
ペース
4.31/k
とうとう走るとやばいレベルに達した
ブヒ
ブブビ
振動で出そうになるから
歩いた
そろ
そろ
慎重にな
えええ〜
全身の力を肛門に集中させて歩いた
やっとの思いで体育館にたどり着くと

その日は開放してない日だった
ガチャ
ガチャ
ガチャ
扉にはがっちり鍵が掛かっていた
オレはもう限界だった
オレ？
そいつは限界だった
体育館の横には大きな木が立っていて
その裏に回って
してしまった
野ぐそ……
お尻は拭いたんですか？
砂漠方式で
砂の代わりに土をこすりつけてぬぐった

その間
2回
車が近くを走り抜けた
ライトがオレの尻を照らした
うんこはどうしたんですか？
まさかそのままじゃないですよね
犬のうんこも持って帰る時代ですよ
それが問題なんだ
いったん帰って車で回収しようと思ったんだけど
シャワーをすると
疲れて眠くなって寝てしまった
シャー
放置じゃないですか！
土は掛けた……
土！
ただそれからよく夢を見るんだ
つづく

もじゃもじゃタランティーノ

第26回　おしっこみたいな会話

ビーバップみのる

ビーバップみのる
（びーばっぷみのる）
1975年生まれ。AV監督。

どうでもいい話だが、ロブスターはお互いの顔に尿をかけ合ってから生殖行為に及ぶそうだ。どういうつもりなのかはロブスターにしかわからないが、わからないといえばこんな話があった。

私が公園のベンチでボーッとしていたら、隣のベンチに警備員の服を着た女が腰をおろし、大きく息を吐き出した。彼女に遅れること1分。建築現場の作業員と思わしき服装の男が現れ、女の隣に腰を下ろした。

「おつかれさん」

男は女に缶コーヒーを差し出した。缶コーヒーを差し出された女はこう言った。

「いらない」

男はこう言った。

「コーヒー嫌い？」

女は言った。

「嫌いじゃない」

男はふたたび缶コーヒーを勧めた。

「じゃあ、飲みなよ」

女はふたたび断った。

「いらないって言ったでしょ」

不思議そうな顔をした男に女は言った。

「缶コーヒーはイヤ。一度開けたら蓋ができないでしょ。いま缶コーヒーをもらっても休憩時間内に飲み干せる気がしないの。飲み切れずに捨てちゃうってもったいないでしょ」

男は食い下がった。

「そんなこと気にしないで飲みなよ。飲めなかったら捨てていいから」

女の意思は固かった。

「イヤ。気にするなって言われても気にす

るし、無理してもらったら休憩時間内に飲み切らなきゃっていう気分で飲むことになるでしょ。それがイヤなの！　休憩中に急かされたくないの」

男はこう言った。

「めんどくせーな。どうしたらこの缶コーヒーを飲んでくれるんだよ！」

女は言った。

「私に飲ませたいなら缶じゃなくてボトルタイプのコーヒーを買ってきてよ。蓋がついていれば飲み残しても捨てなくてもいいでしょ」

男は諦めた。

「じゃあ、いいよ。この缶コーヒー捨てるよ」

女は言った。

「それじゃ私が悪いみたいじゃないの。そもそもの始まりを考えてから話しなさいよ」

男はしばらく黙ってからアメリカンジョークを話をした。

「砂漠で遭難した黒人青年がいました。遭難して3日目。水と食料が尽きて死を覚悟した彼の前に神様が現れました。神様は青年にこんなことを言いました。『おまえはそんなに悪いヤツじゃないからこのまま死なせてしまうのは忍びない。死ぬ前におまえの願いを3つまで叶えてやろう。さあ、おまえの願いを言ってみなさい』」

女が男の話を遮った。

「なんの話？」

男は話を続けた。

「目の前に神様が現れた黒人青年は3つの願い事を言いました」

青年「神様、喉がカラカラなので水がある場所に連れて行ってください」

神様「わかった。あと2つ願いを叶えられるがどうする？」

青年「では、たいへんお恥ずかしいのですがボクは童貞でして、死ぬ前に女性のアソコを見てみたいです」

神様「水と女性のアソコだな。もうひとつ願いを叶えられるがどうする？」

青年「じゃあ、ボクは黒人に生まれて肌の色で差別を受けたので白くなってみたいです」

神様「よし。おまえの願いは水と女性のアソコを見ることと白くなることだな」

青年「はい」

男「神様は黒人青年の願いを叶えるべく魔法をかけました。すると青年はあるモノに変身しました。なーんだ？」

女「わからない」

男「青年は女子トイレの便器になりました」

女「何が言いたいの？」

男「意地悪な神様みたいに条件を増やすなっつーの！　この缶コーヒーはがんばっているあんたのために買ってきただけだよ。次はボトルのコーヒーにするけど、いまは缶とかボトルとかどうでもいいだろ！」

女「じゃあ、飲み残したらあんたが飲んでよね♡」

男「うん♡」

そんな感じで途中からよくわからない話になりましたが、ロブスターの話は生物図鑑に書いてあったので本当っぽいですよ。

12/8

マッスル坂井と成田大致（『夏の魔物』主催者）と夜の渋谷・宮益坂で。

ライブ写真:©タイコウクニヨシ
構成:井上崇宏

**成田くんは発育的に凹凸が
あるっていうか、そこが個性だし、
そういう人って老けないからずっと
幼い少年のような目をしてるよね**

「2020年は成田大致さんは何をやっていくんですか？　っていうか、いまは何をやってるんですか？」（坂井）

――意外にも成田くんは『KAMINOGE』初登場なんですよね。

成田　そうなんですよ。

坂井　いやあ、やっぱりいつ見ても〝魔物〟だねえ。

――魔物ですね。だから「これは手強いな」と思って、今回は『KAMINOGEの魔物』であるマッスル坂井さんをぶつけようと思いまして。

坂井　それって成田くん単独はまだまだってことでしょ？

――そんなことないよ！（笑）。今年（2019年）の『夏の魔物』には我々も藤井健太郎さんと出演させていただいて、そこでも成田くんに言ったんですけど、俺は本当に過去に何度も出たって記憶がなくて（笑）。

成田　何回も出てますよね（笑）。

坂井　たしかに井上さんは何回も出てるけど、井上さんが何回も出てるって印象が俺にもそんなないよ。

――だから今回「出てくれ」って言われて、「えっ、俺⁉　なんで俺が？」みたいな感じだったんですよ。『夏の魔物』は成田くんの地元・青森でずっとやられていて、関東に進出して川崎、お台場ですかね。そして今年は埼玉の東武動物公園っていう。もう毎年、1回も途切れさせることなくやってるんですよね？

成田　そうですね。14年連続で。

――それって単純に凄くない？

坂井　その間、成田くんがやっていたバンドは何個変わったんですか？

成田　それはいっぱい変わってますよ（笑）。で、いまはもうアーティスト活動は辞めました。

坂井　いまおいくつですか？

成田　33ですね。

坂井　青森には帰らないんですか？

成田　帰ったほうがいいですか？（笑）。

坂井　そんなことはないけど、2020年は成田大致さんは何をやっていくんですか？　っていうか、いまは何をやってるんですか？

成田　いまは普通のオーガナイザーに戻った感じですね。だからこれからはいっぱいイベントをやっていくっていう。

坂井　今年の『夏の魔物』が終わってからは何をしてたんですか？

成田　12月22日に『冬の魔物』っていうのを、石野卓球さんがヘッドライナーで新宿ロフトでやるのでその準備とかですよね。

坂井　それは、この本が発売される頃にはもう終わってるのか。

——もともとは「青森の高校生がロックフェスを主催をしている」ってことでちょっと話題になったんですよね？

成田　フェスの前にライブハウスとかでイベントをやっていたのが高校生のときだったのでそういう取り上げ方をしてもらってたんですけど、実際にフェス自体をやったのは19歳からだったんですよ。

——神童ですね。青森の那須川天心だ。

坂井　わりと初期からアントーニオ本多をMCで呼んでくれたりしてたんだよね。本多さんが毎回セットチェンジの間をトークを繋いでね。

成田　そうなんです。

坂井　なんで本多さんを起用したんですか？

成田　2007年からなんですけど、アントンさんは『マッスル』で出てきたときから観ていて、それでアントンさんのブログを読んだら音楽が好きなんだなってことがわかって、それで。

——成田くんのほうはプロレスが好きだし。だから成田くんってマッスル・チルドレンなんだよね。

成田　完全にそうですね。

坂井　えっ、マッスル・チルドレンなんだ⁉

成田　俺はそうだってずっと言ってるじゃないですか（笑）。

「人のふんどしで相撲を取ってる感じがありますけど、人のふんどしを取るところまでが大変ですからね」（坂井）

坂井　じゃあ、マッスル・チルドレンの長男ってことですか？　でもほかに子どもはいないからマッスル・チャイルドじゃないですか。

成田　だから昔、坂井さんにもミクシィでメールしたこともありますよ。普通に坂井さんもお呼びしたいと思っていたので。

坂井　えっ？　で、俺はそれをスルーしました？

成田　スルーされました（笑）。

坂井　さすが俺、目に狂いはなかったわ（笑）。でも、俺はなんでスルーしたんでしょうね？

成田　いや、軽く返事が来た記憶がおぼろげにあって、一言だけ「（笑）」みたいな。

——アハハハハ！　それは気ぃ悪いね（笑）。

坂井　俺は本多さんから相談されたのは憶えてるんだよね。「こういうのに声をかけてもらったんだけど、どう思いますか？」って。そう聞かれて俺は「……いいんじゃない」って答えたのは憶えてますよ。

——なんか俺にも似たような話があって、何年か前にNIGOさんから突然連絡があって「相談したいことがある」って言うから、なんのコラボだと思ってダッシュで行ったら『夏の魔物』というところからBILLIE IDOLに出演オファーが来たんですけどどう思います？」みたいな（笑）。

成田　ああ、実際にBILLIE IDOLにはオファーしましたし、出演してもらってますね。

——だからみんな『夏の魔物』からオファーが来たら、かならず誰かに相談するんでしょうね（笑）。でも、ロックフェスってやろうと思ってできるものなんですか？

成田　いや、だからできていないですよ（笑）。ようやく徐々に、という感じなんで。

坂井　毎年、いつも『夏の魔物』前後になるとSNSで誰かが怒ってたりとかするけど、今年は意外と穏やかでしたね。

成田　ああ、そうですね。

坂井　いやいや、成田くんってホントにしゃべらないね？

成田　そんなことないっスよ。緊張してるんですよ（笑）。初めて『KAMINOGE』に出るんですから。

坂井　まあ、でも1回出たら満足するタイプだもんね。

成田　いやいや、そんなことないですよ。

坂井　成田くんって1回仕事したら満足するタイプじゃないですか（笑）。思い出が作れたらいいみたいな。だから俺、成田くんのスタンプカードを見たいもん。

成田　なんの？（笑）。いやいや、まだまだ叶っていないことだらけですよ。

——成田くんとは、ボクなんかよりも全然坂井さんのほうが距離が近いと思うんですけど、成田くんってどんな人ですか？

坂井　いやあ……。社会的イメージはそんなによくないですよね。どっちかっていうと、基本的にずっと人のふんどしで相撲を取ってる感じがありましたけど、それが悪いのかって言われるとそうでもないですし。いちばん難しいのは人のふんどしを取るところまでが大変ですからね。だけど、けっこう難しいいろんなブッキングをメールとかで直接交渉したりっていうのは本当に偉いなって思いますよね。それは凄いですよね。だから好きになる力がちょっと強いのかな？ でも成田くんのもとから離れていく人間も多いでしょうし、難しいですよね。いまだに評価が定まらないというか。ただ、俺個人は成田大致という人間が憎めないですし、嫌いになるっていうことはたぶん一生ないんでしょうけど、なんでしょうね……。

——一刀両断できない感がありますよね。

坂井　一刀両断してしまったらもうそれで終わりというか、一刀両断しちゃダメなんですよ。

成田　（真剣な表情で坂井の言葉に耳を傾ける）

——あの、ちょっと待って。2人はどういう関係性なの？（笑）。すげえ真剣に聞いてない？

成田　いや、坂井さんと出会ってからずっとこうっスよ。坂井さんから言われたこと

Karaoke Entertainment 6F
BIGECHO
和食・酒 えん
11 F
一番搾り
McDonald's

はだいたい実行するようにしてますから。

「自分が社長っていうのは名ばかりだったんですけど、いまはちゃんと社長業をやるみたいな感じにはなっていて」（成田）

坂井　ミスリードなんですけどね（笑）。成田くんは発育的に凹凸があるっていうか、そこが個性だし、そういう人って老けないじゃないですか？　だから成田くんってずっと幼い少年のような目をしてるでしょ。

――たしかに。

坂井　天才ってそうなんですよ。ずっと目をキラキラさせてるから。ロックンローラーって老けませんからね。俺のまわりには意外とロックンローラーがいなくてサンプルが少ないんですけど、でもいまや成田くんもマイクを置いてるからね。でも、それがいいのかな？

――なんでバンドを辞めたんですか？「俺は出るほうじゃねえな」って判断した感じですか？

成田　坂井さんにはずっと言ってるんですけど、もともとあまり出たくないタイプなんですよ。

坂井　それに対して私はなんて言ってました？

成田　「そのほうがいいよ」って。

坂井　あっ、「出ないほうがいい」って言いました？（笑）。

成田　忘れてるんですか……（笑）。「それがいい方向に向かっている」って坂井さんが言ってくれたんですよ。でもなんか目標がほしいんですよね。

坂井　「ユーチューバーになれよ」みたいなことを俺に言ってほしいの？

成田　いや、ユーチューバーには向いてないでしょ（笑）。

坂井　じゃあ2020年、成田くんは何に向いてるかってことですよね。

――これから本腰を入れてイベンターをやっていくんじゃなくて？　2020年はいっぱいやっていくんでしょ？

成田　そうですね、春もやって。

坂井　『春の魔物』『夏の魔物』『秋の魔物』『冬の魔物』と。超おせっかいな話ですけど、

それで食えるものなんですか？

成田　一応、会社を作ったんですよ。もう3期目になるんですけど。

坂井　そうやってみんな会社、会社って言いますけど、実際にその会社っていうものがどういうふうに機能をはたしてるのかがわかんないので、申し訳ないけど過去2期分の決算書を見せてもらってもいいですか？（笑）。

成田　いや、1期と2期はとんでもない結果になってて。

坂井　そんなの1期と2期目でとんでもなくなかったら逆におかしいですよ。そりゃとんでもないですよ。

成田　いままで自分が社長っていうのは名ばかりだったんですけど、いまの3期目からちゃんと社長業をやるみたいな感じにはなっていて。

坂井　それは売り上げが増えたってこと？それとも経費が減ったんですか？

成田　全部ですね。まず、自分がアーティスト活動を辞めたことによって出ていくお金が減る。

坂井　でも、それによる売り上げも減ったわけじゃないですか。
成田　いや、売り上げは最初からないんで（笑）。
坂井　じゃあ、これまでべらぼうにかかっていた経費が減って、着実に『夏の魔物』とかそういうフェスだけをやって。
成田　まあ、ちゃんとやりさえすればそれが固いというか。だから今年はめちゃくちゃデータを見直したりとか、いろんなところにメスを入れてってことをやったんですよ。そのぶんケチったから微妙だった点もあるんですけど、会社としてはようやく機能し始めていて。

「ちょっと成田くんさ、財布を見せて。いまいくら持ってるの？ 1万円札が3枚！」（坂井）

坂井　じゃあ、いまはホントに音楽イベントをやるための会社なんですね。そのイベントの本数が増えていくと同時に、一方で成田大致個人としてはどうしていくべきかってことにちょっとお悩みなんですか？
成田　そうですね。
——これ、余計なお世話ですけど、坂井さんを社外相談役にしたほうがいいですよ。
成田　ホントですか？
——会社名はなんでしたっけ？
成田　株式会社MAMONOです。
坂井　いや、俺は無理ですよ。やっぱ成田くんは人の下についちゃいけない人ですからね。だって成田くんはまわりの人の言葉に耳を傾けられないでしょ？
成田　いや、そんなことはないですよ（笑）。常にまわりからの意見を欲してますよ。
——いや、はたから見ていると、マッスル坂井の言うことだけを聞くのかなと。
坂井　えーっ……。
——だから相談役でいいじゃないですか。報酬は角砂糖3個とかですけど（笑）。
坂井　自分でレーベルをやろうとかは思わないの？
成田　若手をフックアップするってことですか？　俺に人を率いる力がないのはもうわかってるじゃないですか（笑）。
坂井　それを率いるのはマネージャーだから関係ないよ。
成田　まあ、たしかにライブハウスとかクラブに行く回数が昔に戻りましたね。最近はめちゃくちゃ行ってますから。
坂井　だからいまはめちゃめちゃ身軽なわけでしょ？
成田　そうですね。
坂井　毎日どっかのライブに行ってるもんね。ちょっと成田くんさ、財布を見せて。いまいくら持ってるの？
成田　俺、財布を持ってないんですけど、いまはポッケに数万円入ってますね。
坂井　えっ、見せて見せて。1枚、2枚、3枚、1万円札が3枚！　このキャッシュレスの時代に1万円札が3枚も。いや、トータルで3万5000円だ。でも、ここからの支払いを待っている不義理をしているバンドとかいっぱいあるんじゃないの？
成田　そんなのないですよ！（笑）。
坂井　結局成田くんは、いいところというか、評価されている部分が目につきにくいんだよね。
成田　あと、いじられやすいんで。
坂井　だからいま『水曜日のダウンタウン』で『MONSTER IDOL』ってのをやってるじゃないですか。成田くんはあの

企画の結末まで見届けるべきよ。

成田　どういう意味ですか？

坂井　俺はあれを観て触発されない音楽関係者はよくないと思う。それって何か本質から目をそむけてる。あれは本来ショービジネスっていうのはこうやって世間を巻き込んで話題を作って、たくさんCDを売ってっていう、それが根幹なんだっていうのを気づかせてくれますよね。で、やっぱり成田くんには人を集める才能とか、人と人とを結びつける才能っていうのは絶対にあると思うから。これまで組んだクリエイター全部、凄くよかったと思う。ちょっと早くて、みんなも「ああ、いいなあ」ってなれる感じ。要するに「この人が外でどういう仕事をするんだろう」っていうのが見たい人たちを呼んでるわけでしょ。だけど、そこで成田くんたちのバンドの曲を書かせたからよくなかったんであって、それを歌うのが成田くんだったからうまくいかなかったわけで（笑）。これからはもっと成田くんが認める若くていいバンドとかにプロデューサーをつけたりとかしてあげたら、その成長ストーリーが作れるような気がするけどね。

「このままでは『夏の魔物』にザ・クロマニヨンズが出ることは一生ないってことにようやく気づいた」（成田）

成田　自分で言うのもなんですけど、掛け合わせみたいなことが得意なのかもしれないですね。近年の話題先行型みたいなのに疲れちゃったし、関東進出の一発目の川崎で坂井さんも言ってたじゃないですか。なんかゴタゴタしてる場面のときに「そういう時代じゃない」って。

坂井　そうそう、平和なのがいい。

成田　ボクはもう疲れちゃってて「はあ……」って感じでいたら、坂井さんが隣に来て「こういう時代じゃないから」って。

坂井　それは話題じゃなくてアクシデントだったからね。アクシデントを楽しむみたいな時代じゃなくて、丁寧に作品を作って、丁寧に話題を作っていくっていうことが大事なんだよ。ケンカとかの炎上商法ってい

うのを俺は基本的にどうでもいいと思ってるから。そうじゃなくて、いかに丁寧に作り込んでいくかでしょ。

成田　そうなんですよ。魔物といえばそういう事件性にリンクしてるみたいな感じになってたんですけど、それは自分の本質的なところとか、見に行ってるもの、好きな作品とは乖離してるんですよね。それがまず嫌だなっていうのがずっとあって。

坂井　単純に再生回数を増やすためだけだったら、そういう事故映像的なものとか、ケンカやアクシデントっていうのは大事だと思うんだけど、音楽っていうのはライブには入場料があって、CDに限らずダウンロードするのにお金がかかるっていうものなんだから、やっぱり丁寧に作ったほうがいいし。自分でそういうフェスとかをやってるんだったら、やっぱり自分たちがプロデュースするバンドとかグループ、アーティストがいたほうがいいと思う。せっかくそういう場がすでにあるんだから。

成田　アーティストもフックアップするべきってことですか？

坂井　フックアップはもうしてるけど、フ

エスに出演してもらうってだけじゃなくて、ちゃんとプロデュースするっていうか。だってアーティストだって、自分でプロデュースできない人もいっぱいいるわけだし、最初からみんなにいいプロデューサー、いいマネージャーがついてるわけでもないんだから、そういう人たちを発掘していかなきゃいけないんじゃないですか？

成田　なるほど。

坂井　それで自分たちのライブにちょっとずつ出してチャンスを与え続けるっていう。だからメジャーなレコード会社から契約を切られた人とか、どこかで辞めてしまった人、解散した人とか、そういう人たちを集めるっていうのが魔物らしいんじゃないですか？　そういう人たちを引き取ってやっていくのも大事なんじゃないかと私は思いますけどね。

成田　でも俺がいいなと思ったバンドは、だいたいもう囲われちゃってるんで。入る隙がないバンドがいっぱいなんですよ。名前が表にあがっていなくても、育てる機関みたいなのがあって。

坂井　でも、そこともうまくやっていけないって人もいっぱいいると思うけどなあ。だから、もっと深く見なきゃいけないんじゃないですか？　もっと深く探さなきゃいけないというか。成田くんが観に行くようなライブに出てる人たちっていうのは、みんなすでにどこかに入ってる人が多いと思うんですよ。ってことは結局はその人の作品を見てるようなものじゃないですか。だからその1個手前のやつを探さなきゃダメなんじゃないの？

成田　でも結局はモメる未来な気がして、人とやるのを避けてるのかもしれないです。

坂井　でも、この雰囲気はプロデューサーの雰囲気ですよね。アーティストとしては信用できない顔をしてるけど、プロデューサーとしては信用できる顔をしてませんか？　わかんないですけど、プロデューサーにしては体重管理もしっかりしてるし。

――体重管理？

坂井　自分の体重管理もできない人は人前に出る人じゃないし、裏方も人の管理もできないと思ってるから。ご自身が高校生からキャリアをスタートさせてるんだったら、高校生から見なきゃダメなんじゃないですか？

成田　ああ、なるほど。

坂井　やっぱ学園祭めぐりをしなきゃダメですよ。ちゃんと初期衝動から押さえて、まずはオナニーの仕方から教えてあげるって感じですよね。

成田　でも、いまの若い子ってマセてないですか？　たとえば若いんだから速いテンポの曲とかでやってほしいわけじゃないですか、こっちは。それがちょっとでもバズったり、名前が出てくると「いや、もうそういうのじゃないし」みたいな。いまはそうなるスピードが速いと思うんですよ。ホントは剛速球を投げまくってから緩いほうに行ってほしいのに、いきなりカッコいいほうに行くんですよ。

坂井　知らないけど、だからそうなる一歩手前のやつを見つけろって話だよね。

――ちょっと第三者として聞いていて、今日のマッスル坂井さんの投げかけたお言葉には今後の成田大致さんにとって大事なヒントが詰まっていたのではないかなという気がしました。

坂井　私もです。

成田　そうですね。このままでは『夏の魔物』にザ・クロマニヨンズが出ることは一生ないっていうことにようやく気づいたんで。ここから立て直してがんばっていきたいと思います。

リアルMONSTER HOUSEの
ハウスダストにより、
目・鼻・喉の機能が完全破壊!!

次号KAMINOGE[98]は2020年2月7日発売予定!

KAMINOGE 97

2020年1月18日　初版第1刷発行
2020年1月24日　初版第2刷発行

発行人
後尾和男

制作
玄文社

編集
有限会社ペールワンズ
(『KAMINOGE』編集部)
〒154-0011
東京都世田谷区上馬1-33-3
KAMIUMA PLACE 106

WRITE AND WRITE
井上崇宏
堀江ガンツ

編集協力
佐藤篤

アートディレクション
金井久幸［TwoThree］

デザイン
TwoThree

カメラマン
タイコウクニヨシ
橋詰大地
笹井タカマサ

編者
KAMINOGE 編集部

発行所
玄文社
［本社］
〒107-0052
東京都港区高輪4-8-11-306
［事業所］
東京都新宿区水道町2-15
新灯ビル
TEL:03-6867-0202
FAX:048-525-6747

印刷・製本
新灯印刷株式会社

本文用紙：OK アドニスラフ W A/T 46.5kg